WENHUA JINGJI YANJIU

文化经济研究

第一辑

范　周◎主编

知识产权出版社
全国百佳图书出版单位

图书在版编目（CIP）数据

文化经济研究. 第一辑 / 范周主编. — 北京：知识产权出版社, 2016.5
ISBN 978-7-5130-4191-1

Ⅰ.①文… Ⅱ.①范… Ⅲ.①文化产业-研究-中国 Ⅳ.①G124

中国版本图书馆CIP数据核字（2016）第100502号

内容提要

本书由“名家视点”“理论研究”“实践探析”“海外声音”“新锐学者”“专题组稿”等六大栏目组成，汇聚经济学、法学、地理学、传播学、艺术学、文学等不同学科背景的知名专家学者，对文化经济及相关领域理论前沿和现实问题的研究和探析，旨在建立跨学科的交流平台，关注不同的思维模式，提供多元创新的研究视域。

责任编辑： 李石华

文化经济研究（第一辑）
WENHUA JINGJI YANJIU（DIYIJI）
范周　主编

出版发行： 知识产权出版社有限责任公司	**网　　址：** http://www.ipph.cn
电　　话： 010-82004826	http://www.laichushu.com
社　　址： 北京市海淀区西外太平庄55号	**邮　　编：** 100081
责编电话： 010-82000860转8072	**责编邮箱：** 303220466@qq.com
发行电话： 010-82000860转8101/8029	**发行传真：** 010-82000893/82003279
印　　刷： 北京嘉恒彩色印刷有限责任公司	**经　　销：** 各大网上书店、新华书店及相关专业书店
开　　本： 720mm×1000mm　1/16	**印　　张：** 15
版　　次： 2016年5月第1版	**印　　次：** 2016年5月第1次印刷
字　　数： 200千字	**定　　价：** 38.00元

ISBN 978-7-5130-4191-1

前　言

从德国法兰克福学派学者阿多诺、霍克海默提出“文化工业”，到澳大利亚学者大卫·托斯比提出“文化经济”；从1991年国务院在批准《文化部关于文化事业若干经济政策意见的报告》中正式提出“文化经济”概念，到2000年党的十五届五中全会提出“文化产业”概念，文化和经济这两个社会有机体的子系统，不断融合发展，创新演进，逐渐成为一种国家建设的切入点和结合点。而在这个过程中，“文化”越来越彰显出“软实力”辐射出来的魅力、影响力、吸引力、亲和力与渗透力，促使大规模的信息流、消费流、资金流与人才流的全球汇聚和世界流通。

作为以“创造”为核心并与其他各种投入相结合而组成各类文化产品的经济集团，“文化经济”已然跳出了概念的束缚和思维模式的制约，而越来越多不同学科背景的专家学者们，逐渐开始从他们各自的研究领域去探讨我国文化发展当下面临的现实问题、未来发展趋势，也让“文化经济”亟待以全新的理论建构和话语体系呈现出来。为此，我们创办了《文化经济研究》学术辑刊，以期在经济增长模式发生了根本的改变，知识和信息即“文化力”取代资源、资本和技术在经济中的主导地位的时代，搭建一个“文化”与“经济”交流对话、共生发展的平台。这个平台将提供一个跨学科、多学科的视角重新去探索文化领域的种种理论和现实问题。不求“囊括大典，同罗众家”，但求“百家争鸣，百花齐放”。

值得关注的是，文化经济的特殊性在于“文化经济化”和“经济文化化”的同构性，文化经济日益成为国家竞争的战略高地和国家战略需求转型的新增长点，导致了对于文化经济发展的启蒙式需求，文化经济研究呈现出爆发式特征。但当文化经济获得社会普遍性认知后，却出现了文化经济理论的实践解释力下降现象。侧重于应用、受限于现实、受制于评价指标的“文化经济”理论研究所形成的概念群，难以使文化经济研究产生强大的现实推力。

《文化经济研究》主张以深厚的理论研究、前瞻的战略视野、真切的社会关怀，深入探讨文化经济领域的理论和实践问题，从人、国家、社会的层面建构理论关系，克服文化产业重应用轻理论的窄化、浅化和功利化的研究倾向，将打破文化经济领域研究的学术“空窗期”。坚持多学科交融，追求学术创新，提倡学术规范，尊重知识产权，《文化经济研究》力求站在理论前沿，把握国际视角，紧扣国家战略，直面实践问题，注重深入分析：在微观层面提升文化经济层次，实现文化经济的高度化与合理化；在宏观层面上弘扬民族精神、培育先进文化，提升民族文化经济的国际地位和阐释效度，以最终实现新时期、新环境下的中华民族崭新的文化自立。

范周

2016年4月

目　录

Chapter01　名家视点

Chapter02　理论研究

Chapter03　实践探析

Chapter04　海外声音

Chapter05 新锐学者

Chapter06 “互联网+”组稿

Chapter01

名 家 视 点

关于文化创意集群的几个问题

王缉慈[1]

在美国硅谷的小镇洛斯加托斯(Los Gatos)职位信息的网站上,某公司2015年8月13日发布了高薪招聘为云计算视频编码进行数字设计的高级工程师的消息。与此同时,有上千个类似职位在该地招聘,包括视频内容制作、高级艺术总监、产品经理、视频游戏硬件工程师、软件工程师、网络安全维护职员、全球基础设施和容量规划工程师等,仅摄影师就有16家公司招聘。还有某公司正在寻找一个高技能和创新的视频质量保证工程师,候选人必须有对视频的热情以及复杂软件应用的丰富经验……

硅谷的圣克拉拉县离好莱坞不远,随着互联网技术和视频技术的发展,这里已经成为新的网络视频和网络电影制作中心。其中洛斯加托斯镇在网络视频和电影产业基础上已经发展成美国最富有的地方之一。美国第83届奥斯卡奖有两个获奖演员来自洛斯加托斯镇[2]。该镇有大量的电影聚会和不定期的交流活动,创业氛围很浓。在众多的创新型的企业中,Netflix公司十分值得关注,该公司从邮购订阅DVD、积累大量顾客起步,到直接买版权、融资做电视剧和电影,在网上独家播放,包括原创系列、纪录片和故事片,迅速成为世界电影娱乐界的网络巨头。目前已经在50多个国家发展了超过6500万个会员,大家可以在电视机、游戏机等各种网络设备的屏幕上随时随地看到他们想要的内容。Netflix正在享受庞大用户的规模效应,并积极地把运营利润投资于新的原

---

❶作者简介:王缉慈,北京大学城市与环境学院教授,博士生导师。

❷Sheila · Sanchez. It's Oscar Time in Los Gatos[EB/OL].(2011-03-02) [2015-11-12].http://patch.com/california/losgatos/its-oscar-time-in-los-gatos.

创影视作品，极大地挑战了电视播放以及电影院观看的传统模式。它的创新也引来了其他企业的跟随。例如，总部在西雅图的亚马逊的即时视频（instant video），通过购买它的Amazon Prime会员，可以同时享受购货第二天送到以及网上观看电影的便利。

再看我国的深圳[1]，有一批引领中国而且在世界的技术创新领域有着重要贡献的企业，如腾讯、华为、中兴、大疆、迈瑞、华大基因、大族激光、怡亚通等，这些企业在深圳尤其是南山区成群地出现。深圳已从改革开放之初的"文化沙漠"发展成文化产业创造力非常强的城市。在世界最大的电子集散中心深圳华强北，Seeed Studio（深圳矽递科技有限公司）创建的柴火创客空间，接纳了包括SZDIY、业余造物主、开物先锋队、Android爱好小组、iOS聚会、微软俱乐部、SZHAM业余无线电等诸多小组，孕育着很多民间跨界项目。文艺青年可以在这里分享艺术、手工、科学、工程、音乐等领域的DIY作品。并且已由美国《Make》杂志授权该公司代理Maker Faire活动。与此同时，脸萌、乐奇足球等一批新兴企业开始成长。深圳影视活动也非常活跃，一百多家深圳的影视公司抱团发展，组建了深圳影视产业联合会，举办微电影节，孵化影视人才，投资电影项目，扶植新锐导演以及接拍院线电影。

从上述美国洛斯加托斯镇和我国深圳的案例中可以发现，创造性企业成群出现，这并非偶然，因为那里有很好的创新环境。集群中有各种各样的相关企业，有大量的新公司诞生，有庞大的就业机会。企业之间的互动非常频繁，有各种中介机构促进这些企业的合作和交流，举行很多会议和交易活动。洛斯加托斯镇的网络视频企业中，网络技术和视频技术、影视内容创作文化已经完全交叉融合在一起，企业之间的竞争十分激烈，但已经不完全是高技术的竞争，而是影视的文化内容和争夺消费者的竞争。深圳的电子产品硬件制造优势与数字技术、文化产品内容创作也紧密联系，其医疗器械、生物基因等多个产业与电子信息产业的跨界融合也非常成功。这两个案例的共同特点是集群企业的共融共生，文化产业的跨界融合，由此可以看出文化创意已经成为经济增长的要素。

[1]杨世国，程全兵. 深圳："创新之城"是如何炼成的[N/OL]. 人民日报（海外版），(2015-04-15)[2015-08-12].http://finance.people.com.cn/n/2015/0415/c1004-26845623.html.

本文旨在对文化创意集群及其相关要义的几个问题作深入探讨。

一、文化创意集群的内涵

集群(cluster)是指在特定的产业领域相互联系的公司和关联的机构在地理上集聚。在创新集群中存在产学研近距离紧密的技术合作和隐含经验类知识的交流网络,不同技术的交叉和不同产业的融合,甚至产生激进性创新,进而出现新兴产业。一组在一起发育的教育科研机构也可能称为集群,它们的互动对于技术创新和知识创新有很大的意义。以大学和研发机构为核心的知识集群(knowledge cluster)和某类以技术为核心的技术集群(technology cluster),或研究与开发集群(R&D cluster)中的行为主体之间有密切的联系和互动。一项高新技术要赢得市场,不仅需要前期的市场分析、技术支持和资金投入,中期的制作、测试和市场检验,以及后期的推广销售、技术服务、物流配送等等,而且牵涉众多环节和众多专业,包括金融、销售、市场研究、广告设计、公共关系、人员招聘、教育和培训、技术转让等,需要跨企业的合作,尤其是近距离的互动。

大量文献研究创意产品原料和灵感产生的地方特征,如特殊的视觉环境、密集的社会和文化活动,以及地方的声誉和文化传统。这种集群不仅包括马歇尔的地方化经济(马歇尔式集聚 Mashalian clustering),即有外部经济和知识溢出的创意人群的社区,也包括加克波的城市化经济(加克波式集聚 Jacobs-clustering),兼具多样化的劳动力市场以及开放、宽容的社会氛围。这些集群有自然形成的,也可以通过政策努力和制度创新,促进地理邻近的相关企业、支持性机构和研发教育机构之间建立产业联系进行培育。

简单的艺术创造行为,即个人艺术家的艺术创作与艺术作品需要与推广和销售企业集聚,而复杂创意产品需要多种创造性投入的集合。自然形成的文化创意集群有一些经典的例子,如好莱坞、伦敦 SOHO 区、布里斯托尔的影视产业集群、斯德哥尔摩中心区的音乐产业集群、日本东京秋叶原的动漫产业集群等,这些集群是从事作品的创作、生产和营销的企业、个人及相关机构近距离联系、集聚和互动的而产生的空间组织。

在欧盟促进“精明”(smart)、“可持续”(sustainable)和“包容性”(inclusive)增长的精明专业化(smart specialization)新战略中，十分强调集群和产业联系的重要性，提出发展世界级集群并提供舞台，以便在区内外发展多种相关行业或跨行业的联系，从而驱动专业技术的多样化。欧盟的阿姆斯特丹、伯明翰、罗马、柏林、华沙等11个城市都实行了促进文化创意产业和其他产业交叉创新(cross innovation)的政策。例如瑞典斯德哥尔摩企业家学校(SSES)是促进该市5个科研教育机构合作的组织，驱动基于文化的合作创新，在立陶宛首都维尔纽斯市(Vilnius)发展了创意服务、影视产业、新媒体，以及传统的表演艺术、娱乐及休闲、图书馆和博物馆等活动，在此基础上成立了Beepart艺术试验中心，提供文化艺术空间、孵化器和展览区，举行节庆活动，改变前苏联时期的社会文化环境，培育交叉创新，使之成为波罗的海地区最具创造力的城市。

二、我国的文化产业集聚区

西方文化创意产业的概念进入中国大陆的经济生活已有十几年。在发展之初，人们曾比较狭隘地只关注艺术家集聚的区域，如北京的798、上海的M50、深圳的大芬村等，并且不顾条件人为地打造文化产业园区，试图将文化创意产业“装”到园区载体中，寄希望于在这些地方短时期内创造出GDP来。但很多创意企业初创时并不投资于房地产，而是租用并集聚在适合经营而又较廉价的房屋，园区的开发商却要追求快速的投资回报和利益最大化。在国际上，艺术村是艺术家短期栖息的场所，有一定甄选程序让艺术家进驻创作、交流和从事教学活动(王缉慈等，2010)。在多数情况下，他们提供原创材料是某个生产过程的投入而不是直接出售，尽管有高水平技艺，但往往经济报酬不高(UNCTAD，2008)。

发达国家的数字传媒、广告和动漫等产业都有离岸外包的趋势，标准化地制造活动空间分离，充分利用其他地方的低成本优势。例如，电影拍摄的核心部门在好莱坞，但后期制作的剪辑等辅助流程在多伦多、慕尼黑、布拉格、墨西哥、悉尼、孟买等地(王缉慈等，2010)。由此，严格说来，仅仅是从事文化产业外包活动的地方,即使不断在学习,其文化创意产业也有很长的路要走。

一些文化品,如乐器、珠宝、文具、书籍等,需要在工厂里制造出来,很难将其和工业品严格区分。这类产品的制造地往往被认定为文化创意产业集聚区。这些地方承接了诸多文化产品制造的国际转移。例如,在辽宁、河北、山东、江苏、浙江等省的一些农村地区,在木材加工和金属机械加工基础上发展了专业化的乐器产业集聚区域,如洛舍镇的钢琴、东高村镇和溪桥镇的提琴等,但是这些地方工业化的技术基础还不稳固,甚至关键技术和设备还需从国外提供,尤其是这些地方通常缺乏文化底蕴,所制造的产品尚不是高端的艺术品,而是普通的工业品。

三、文化产业与制造业的融合

在我国的服装、鞋类、玩具、瓷砖、文具等加工区域,随着土地和劳动力等成本上涨,一些加工业正在将低端环节转移出去而向制造高端产品升级,向设计和营销等服务环节升级。时尚的服装和鞋类等产品的样式、颜色、质料等都具有文化或知识特性。消费者需要越来越多个性化的产品,创意设计占产品价值的比重不断增加。因此,融入文化创意已是当务之急。

动漫产业和玩具产业的融合可以看作文化产业和制造业融合的样板。美国孩之宝(Hasbro)从玩具制造到《变形金刚》等动漫影视和数字游戏;硅谷TangiblePlay开发的Osmo实现了七巧板玩具与iPad结合;日本LEVEL-5在推出游戏《妖怪手表》、动画和实体玩具基础上,推出了“第一套妖怪体操”;我国的广东奥飞也将玩具与动画、电影、舞台剧、游戏等文化产品的生产与销售结合起来。

文化产业与制造业之间互动融合可以是双向驱动的,两种产业都能通过跨界融合,使自己的最终产品获益。美国迪士尼创作出经典动漫形象,授权包括玩具在内的衍生品开发;玩具巨头企业美国的孩之宝和日本的万代,先有玩具产品进而制作出动漫影视片,以动漫故事内容和形象,赋予玩具新的文化内涵而促进销售。在国内,动漫企业广东原创动力(动漫形象喜羊羊)和玩具制造企业广东奥飞动漫都已开始了这种跨界融合。但我国目前文化产业整体落后于玩具制造业，出现了奥飞动漫、骅威股份等传统玩具制造向文化产业跨界融合的强势。在广东澄海，通过跨界融合，文化创意已经大大促进了玩具产业的发展。

以往在文化产业的相关研究中往往把鞋、服装、玩具看作文化产业的衍生品，其实衍生品生产不是简单的“延长产业链”，如迪士尼在动漫形象构思制作时同步设计衍生品。当不具有这种跨界融合的能力时，只能将成功的动漫形象授权。

四、文化创造力是文化创意产业的基础

说到底，文化创造力是文化创意产业的基础。我国传统的教育体制、课程设置、家庭教育、企业管理、社会治理等方面对人的创造力的培养都需要加强。

文化创意产业需要高技术和自动化，但是，悠久的产品文化又不是由机械技术的创新所能完全取代的。日本和我国的钢琴以机械化生产为主，其价格比德国手工钢琴低得多，我国机械化生产的小提琴比意大利手工制作小提琴也廉价，后者是可作为乐师用琴。俄罗斯套娃从谢尔盖耶夫镇转移到我国黑龙江的一面坡镇机械化生产，后者所承载的文化价值比俄罗斯手工制作要差得多。还有一个经典的例子，传统的瑞士手表被认为是珠宝奢侈品，在珠宝店出售。随着电子技术发展，使复杂的手工制作手表改为机械装配。日本制造商重新定义了手表，把它作为相对便宜但准确显示时间的工具流水线生产。由此，钟表行业的中心从瑞士转到日本。但是，今天瑞士又重新定义手表作为时尚配饰，瑞士奢侈手表制造商手工制作的昂贵手表，成为一种身份的象征，赋予瑞士手表的文化价值，使瑞士手表业得到了再次传承和发展。

文化创意产业以文化和艺术的创造力为核心，它具有非凡的杠杆效应，可以撬动整个国民经济。在发达国家，包括设计、动画制作、数字媒体、表演艺术或时尚等文化创意产业部门以客户体验的独特手段，接近市场创新的最前沿，

处在价值链的高端。在欧盟,创意产业正在快速成长,许多情况下其营业额和就业的绝对规模已经超过了一系列传统行业。根据欧盟2014年的研究,46%的创意企业支持着他们的客户在制造业中进行创新。

英国的经济事务部将创意产业确认为首要部门来加强。他们认为,尽管部分的创意产业(如艺术家的画廊)是单独运行的——用创意思维设计出的产品或服务,从只关注产品内部到着重时尚变化,并把它们推向市场,这与其他部门的工作相似,但是绝大多数的创意产业部门并不是直接针对最终用户,而是联系其他产业。近些年来,发达国家已经制定了一些政策,通过创建不同部门之间的交叉联系使文化创意产业发生杠杆效应。这尽管与产业园区载体有关,但其内涵是十分深刻的。

五、在文化创意集群中培育交叉创新

创新是新的创意或“点子”成功地商业化,也就是说新的创意变成新产品并进入市场而获得经济价值。从产业创新来说,创新相关学者和商界一般根据新产品或流程与既有产品或流程的新奇或差异的程度将创新分为两类,即渐进性(incremental)创新和激进性(radical)创新[1],后者又称为突破性(breakthrough)创新或破坏性(disrupt iveinnovation)创新,它需要完全不同的能力,因为新旧技术之间存在相当程度的不连续性。

先进技术融入文化产品,进行突破性创新,会彻底改变文化产品市场。前文所述Netflix公司由网上销售DVD而进入到影视制作并垄断“纸牌屋”等优秀作品的影视市场就是杰出的例子。另外,视频游戏的创新动态的案例也可以说明这一点。早期的视频游戏机是由少数人围拢,播放着粗糙的图形,而索尼和微软引入强大的处理器后使图形显示度大大增强,因此主导了该产业。随着高速互联网成为可能,散落在世界各地的多达1亿人可以打同一场比赛。后

[1] 1997年(Clayton Christensen)认为incremental innovation和radical innovation都是从改善产品性能出发的,将其统称为延续性创新(sustaining innovation),而他提出破坏性创新(disruptive innovation),从产业的薄弱环节进入,颠覆市场结构。其创造的新市场有两类:一是现有产品没有服务到的用户群;二是现有产品市场中的低端消费者。

来，任天堂引入了新型传感器技术——加速器和红外成像，并通过全身运动控制游戏机，游戏机开始普及。这彻底改变了视频游戏市场，最终索尼和微软被迫跟随。这种由非文化企业跨界融合出的新的文化产品，对整个文化产业的升级具有非常强的推动潜力。

从地方发展的角度来看，文化创意产业是对社会负责和具有包容性、开放性、清洁的、环境友好的产业，它使用不同层次的各种技能。文化创意产业互动交流的很多活动往往会产生很大的正外部性，从而引起产业集聚效应并产生集群，而园区作为关联公司提供的公共空间和新企业的孵化载体，需要在创意集群中促进相关企业的互动。城市和区域需要实行基于文化创意的长期发展战略，如像欧盟所制定的战略那样，通过中介经纪人对相关企业开展网络相亲活动，不断地促使在相关企业之间建立伙伴关系，以促进基于文化的创新产品的繁殖。例如，杭州的动漫和游戏产业正在快速联动，在探讨游戏公司与动漫公司共享利润的合作机制，而不只是互购版权时，经纪人是非常重要的。例如探讨对于有前景的动漫游戏项目，政府做担保方，让金融机构先注入资金的可能性。

综上所述，文化创意是一切产业的增值要素。文化增值越深，产品竞争力越强。我国发展文化创意产业需要在抚育创新文化、培养人的创造力、加强产业联系等方面下功夫，在相关企业集聚的地方，需要有力的政策措施，促进企业合作和互动，通过未来的交叉创新，创造和生产出更多优秀的文化内容作品，同时使更多的文化创意融入传统工业品，以撬动整个国民经济更好、更快地发展。

参考文献：

[1]Garcia R, Calantone R. A critical look at technological innovation typology and innovativeness[J]. The Journal of Product Innovation Management no. 2002 (19):110-132.

[2]联合国贸发会议(UNCTAD). 2008 创意经济报告[M]. 张晓明，周建钢

等，译．北京：三辰影库音像出版社，2008.

[3]陈倩倩，王缉慈.论创意产业及其集群的发展环境[J]. 地域研究与开发. 2005（5）.

[4]李蕾蕾. 文化与创意产业集群的研究谱系和前沿：文化生态隐喻[J]. 人文地理，2008（2）.

[5]王缉慈等. 超越集群——中国产业集群的理论探索[M]. 北京：科学出版社，2010.

[6]王缉慈，陈平，梅丽霞，等. 电影产业集群的典型模式及全球离岸外包下的集群发展[J]. 电影艺术，2010（5）.

全面推进依法治国——建立健全中国特色社会主义文化法律制度

朱 兵[1]

党的十八届四中全会通过的《关于全面推进依法治国若干重大问题的决定》(以下简称《决定》),对全面依法治国作出战略部署,确立了新时期我国法治化建设的目标和任务,明确提出建设中国特色社会主义法治体系,建设社会主义法治国家;坚持立法先行,完善以宪法为核心的中国特色社会主义法律体系;强调依法治国、依法执政、依法行政共同推进,把国家各项事业和各项工作纳入法治化轨道。这之中,一个首要的任务就是坚持立法先行,完善以宪法为核心的中国特色社会主义法律体系。《决定》中的一个突出特点就是加强重点领域立法,明确提出要建立健全文化法律制度。

文化建设是中国特色社会主义事业的重要组成部分。党的十八大确立了建设社会主义文化强国的宏伟目标,这是中国特色社会主义文化建设在新时期的重大决策,对开创中国特色社会主义事业新局面、实现中华民族伟大复兴具有重大而深远的意义。要实现这一目标,一个不可或缺的重要保障就是必须进一步重视并加强文化立法工作,提高文化建设法治化水平。为此,《决定》明确指出:"建立健全坚持社会主义先进文化前进方向、遵循文化发展规律、有利于激发文化创造活力、保障人民基本文化权益的文化法律制度。"制定公共文化服务保障法,促进基本公共文化服务标准化、均等化。制定文化产业促进

[1]作者简介:朱兵,全国人大教科文卫委员会文化室主任。

法,把行之有效的文化经济政策法定化,健全促进社会效益和经济效益有机统一的制度规范。制定国家勋章和国家荣誉称号法,表彰有突出贡献的杰出人士。加强互联网领域立法,完善网络信息服务、网络安全保护、网络社会管理等方面的法律法规,依法规范网络行为。"

在中央决议中对文化立法提出得如此具体明确,前所未有。尤其是明确提出制定公共文化服务保障法、文化产业促进法、网络安全法、国家勋章和荣誉称号法等文化基础性法律,这对我们在新形势下做好文化立法工作指明了方向。加强文化立法,既是进一步完善以宪法为核心的中国特色社会主义法律体系和全面推进依法治国的必然要求,也是大力推进社会主义核心价值观建设、促进经济社会全面发展、保障社会主义文化大发展大繁荣的必然要求。

一、文化立法的现状和问题

文化立法是我国社会主义法律制度建设的一个重要内容,是中国特色社会主义法律体系的一个重要组成部分。文化立法涵盖我国整个文化领域的法律制度建设,主要包括新闻出版、广播电视、电影、文化艺术、文化遗产、网络传播、档案管理、图书馆、博物馆、文化馆(站)、文化娱乐业等方面。

改革开放以来,特别是党提出依法治国方略以来,以经济立法为重点的法制建设取得了令人瞩目的成绩,文化法制建设也得到了发展。随着我国文化事业和文化产业的蓬勃发展,文化立法的步伐逐步加快,立法水平也不断提高。

到目前为止,全国人大常委会制定的文化法律和决定共6件:文物保护法(1982)、档案法(1987)、著作权法(1990)、非物质文化遗产法(2011)、关于维护互联网安全的决定(2000)、关于加强网络信息保护的决定(2012)。此外,全国人大常委会于2002年对文物保护法进行了全面修订。全国人大常委会还通过了有关法律修改决定5件——修改文物保护法的决定(1991、2007)、修改档案法的决定(1996)、修改著作权法的决定(2001、2010)。国务院制定的有关法规40余件,包括出版、印刷业、电影、广播电视、营业性演出、娱乐场所、互联网信息服务和公共文化设施保护等方面的管理条例;各省、市、自治区人大及其常委会制定的地方性文化法规和决定300多件，涉及文化市场、文化遗产、公共文化、图书馆、出版、印刷、书报期刊管理等方面。

此外，国务院各有关部门还制定了许多行政性规章。我国加入世界贸易组织后，国务院及其有关部门对一些文化法规和规章也进行了清理和修改。可以说，在保护文化遗产、保护作者的著作权、管理文化市场等一些方面，我国基本做到了“有法可依”“有章可循”。

但是，从总体上看，现行文化立法这一状况与全面依法治国的战略布局不相适应，与我国文化建设的战略地位不相适应，与完善中国特色社会主义法律体系的要求不相适应。无论是相对经济立法而言，还是相对教育、科技、卫生等领域的立法而言，文化立法都是相当薄弱的，存在着以下几个突出问题：①文化法律数量少，文化法律的制定工作滞后。文物保护法、档案法和著作权法都是20世纪90年代制定的。虽然全国人大常委会在九、十、十一届期间对这三部文化法律、尤其是对著作权法和文物保护法进行了多次修改，但新的文化法律出台仍然缓慢。除了2011年制定的非物质文化遗产法外，迄今未出台其他新的文化法律。②文化立法的法律盲点较多。现行文化立法主要是制定了一批法规规章，法律效力等级低，缺乏上位法的依据。在新闻、出版、广播电视、电影、图书馆、博物馆、文化产业、文化市场、网络传播管理等方面缺乏专门法律。这也是造成法规、规章之间出现一些相互矛盾冲突现象的重要原因之一。③这些法规、规章主要集中在文化行政管理方面，有明显的局限性，立法内容不适应改革开放、社会发展、促进和保障文化繁荣的需要。④文化体制改革存在不少障碍，如公益性文化事业与经营性文化产业的界定不够清晰、文化市场体系建设相对迟缓、全国统一的产品市场尚未全面建立、国家文化宏观管理和监管体制改革进展缓慢等，在一定程度上制约了文化立法的进展。⑤文化立法的基础研究相当薄弱，缺乏理论研究队伍和成果，对文化内涵、外延的认识比较混乱，直接影响法律保护制度的科学化、系统化和统一化建设。

二、文化立法面临的形势和要求

文化建设是社会全面发展和进步中的重要组成部分。人类进入21世纪后,随着经济科技全球化的迅猛发展,各种思想文化相互冲撞,综合国力竞争日趋激烈。一个具有国际竞争力的国家,除了经济、军事等竞争力外,必然具有文化的竞争力。以习近平为总书记的党中央审时度势,高屋建瓴,以文化创新为引领,高度重视文化在发挥我国综合国力中的重要作用,使之成为推动全面建设小康社会、实现中华民族伟大复兴中国梦的一个强大力量。党的十八大把科学发展观作为长期坚持的指导思想写入党章,指明了新时期我国经济社会全面协调发展的方向。对中国特色社会主义事业五位一体的总布局,全面深刻地阐述了文化在当前社会发展中的重要地位,提出了建设社会主义文化强国的奋斗目标,把文化建设的问题提到了一个前所未有的历史高度。随着全面依法治国的贯彻实施,随着改革开放的进一步深化和科技、经济全球化浪潮的加剧,我国社会各方面包括文化领域正发生着前所未有的深刻变革,文化立法面临着新的形势和要求。

文化立法必须保障我国文化战略任务实施。党的十八大对"建设社会主义文化强国""大幅提高我国文化软实力"明确提出了4项战略任务:一是社会主义核心价值体系深入人心,公民道德素质和社会文明程度明显提高;二是文化产品更加丰富,公共文化服务体系基本建成;三是文化产业成为国民经济支柱性产业;四是"中华文化走出去"迈出更大步伐。这既是当前及今后一段时期我国文化建设必须完成的战略任务,也是文化立法必须达成的立法目标。文化立法的本质就是建立良好的文化法律制度,就是要通过法律制度建立起符合我国社会主义文化规律、特点和要求并行之有效的最高规范和准则,就是要通过法律制度确保社会主义核心价值观在思想文化建设中的牢固地位和在全社会的培育、践行,通过法律制度保障人民群众基本文化权益,建设公共文化服务体系,促进文化产业繁荣发展,以及为保护、传承和弘扬中华民族优秀传统文化和中华文化走出去提供充分的法律支撑。

文化立法必须保障我国文化安全。习近平总书记强调，要准确把握国家安全形势变化新特点新趋势，坚持总体国家安全观，走出一条中国特色国家安全道路。文化安全是国家安全的重要组成部分，主要指一国的观念形态的文化（如制度文明、民族精神、价值理念、信仰追求、语言文字、风俗习惯等）生存和发展不受威胁的客观状态。在以信息技术、互联网技术为核心的科技、经济发展浪潮下，全球一体化的趋势日益突出。国家、民族的界限及特征在相当程度上被不断打破和削弱，发达国家、发展中国家都被新技术和世界市场联为一体。文化作为一个国家、民族的身份象征和价值体现，其本质属性日益凸显，其冲突日趋激烈。西方发达国家借助科技经济的优势，利用全球化的趋势，在全球极力推行西方文化及其相关的价值理念，在文化上推行"单边主义"，威胁到其他国家的文化主权和文化安全。保护和发展本国本民族的文化，是维护世界文化多样性、促进世界和平共处的一个重要内容。因此，我国文化立法的一项重要任务就是采取多种立法途径和方式维护和保障国家文化安全：一是在立法中坚定不移地坚持和弘扬社会主义核心价值观；二是立法保护我国文化遗产，传承弘扬中华民族优秀文化精神；三是立法保障网络安全，保障网络信息的有序传播；四是立法对我国文化遗产出境、外国文化产品输入、外资进入文化领域等予以特殊限制；五是要通过立法繁荣发展我国文化，推动中华文化走出去，巩固文化安全的根基。

维护公民文化权利，保障人民基本文化权益是文化立法的一个重要任务。2001年我国批准加入《经济、社会和文化权利国际公约》。作为一项基本人权，文化权利指在一定的社会历史条件下每个人按其本质和尊严所享有或应该享有的文化待遇和文化机会，以及所可以采取的文化态度和文化习惯，主要包括参与文化生活的权利、文化创造权、享受科学进步的权利、保护作者物质和精神利益的权利、国际文化合作的权利等。党和国家高度重视人民群众基本文化权益保障和公共文化服务工作，《国家基本公共服务体系"十二五"规划》中明确提出要保障人民群众看电视、听广播、读书看报、进行公共文化鉴赏、参加大众文化活动等的权益。[1] 2015年1月中共中央办公厅、国务院办公厅印发《关于加快构建现代公共文化服务体系的意见》并颁布《国家基本公共文化服务指导标准》,这是贯彻落实党和国家关于加强公共文化服务的要求部署的重要举措,是对人民群众精神文化生活需求的积极回应。因此文化立法必须依据宪法对公民文化权益的保障和规范、构建我国公共文化服务体系作出制度安排。

加强文化立法是深化文化体制改革的必然要求。文化体制改革是文化建设领域的深刻变革,同时又是社会转型期的新事物。要深入推进文化体制改革,有许多问题需要通过法律手段方能有效解决,如公共文化的保障机制、文化产业主体的法律地位和扶持机制、文化市场管理的行政交叉等。因此,要实现文化体制改革的目标和要求,就必须充分发挥法律制度的保障、促进、规范作用。通过完善、成熟的文化法律法规体系,澄清模糊认识,规范文化行为,调动各方面的积极性,解放和发展文化生产力。一是要通过立法,加强顶层设计,保障公共文化事业发展,建立中国特色"大文化""大文化遗产"管理体制机制,建立传播渠道统筹管理的体制机制。二是要通过立法,建立健全文化产业相关法律制度,构建现代文化市场体系,打破分业管理传统模式,促进文化产品的生产、交易、传播和开拓国际市场,保障文化市场统一开放、竞争有序、健康繁荣。三是要通过立法,保障文化主体的地位、权利和义务,促进文化发展的社会化。建立文化资源的市场配置规则、文化传媒领域开放准入制度和文化企业的法人治理制度,推动国有文化资产跨地区、跨行业、跨所有制的兼并重组;明确公民、法人和社会组织从事公共文化、文化产业的激励措施、文化中介组织、机构的地位、作用等。

而且,随着高新技术特别是互联网在社会的迅速普及,其使用的广泛性和国际性,使网络上的文化管理出现了艰巨性和复杂性。我国自加入世界贸易组织以来,文化领域面临发展机遇很严峻的挑战。在我国承诺视听业、娱乐业、出版业部分开放的情况下,如何有效建立文化市场关系准则,维护国家文

[1] 参见《国家基本公共服务体系"十二五"规划》,国发【2012】29号。

化主权,防范和抵制不良文化的影响,掌握意识形态领域主导权,增强文化整体实力和竞争力,都成为文化立法现实而紧迫的课题。

加强文化立法是推进依法行政的必然要求。全面推行依法行政,建设法治政府,是我们党和国家建立社会主义法制社会的一个重要内容。2003年十届全国人大常委会四次会议审议通过了行政许可法,2004年国务院发布《全面推进依法行政实施纲要》,这对我国依法行政、建立法治政府具有重大和深远的意义。为了落实依法行政的要求,文化法制领域也进行了积极的调整。为了与行政许可法等上位法协调,推进依法行政,对不符合法治要求的规范性文件进行了废止;并对文化领域行政立法采取了规范措施。本届政府以来,国务院采取强力措施整顿行政审批,已取消或下放超三分之一的审批事项,国务院部门非行政许可审批事项清理工作全面完成,"非行政许可审批"这一历史概念将全部终结。今后,任何部门或单位都不得在法律、行政法规和国务院决定之外,设定面向公民、法人或其他组织的审批事项。然而,要全面实现依法行政的要求,文化管理现状面临重大挑战,文化领域还需要更多的努力。要进一步转变观念,政府对文化的管理要坚持以服务为主要内容,坚持依法行政。要进一步厘清和建立文化活动、文化行为的规则。政府是文化活动规则的执行者,清晰的规则是文化活动正常开展的基础。要进一步理顺管理体制,解决政出多门、职责不清的问题,形成统一、良性的文化管理秩序。

加强文化立法是完善中国特色社会主义法律体系的必然要求。目前,以宪法为统领的中国特色社会主义法律体系已经形成,但在其中,文化领域的立法比较欠缺,是整个法律体系中的一个薄弱环节。迄今为止,文化领域的一些重要法律制度尚未建立,主要依靠政府的行政法规、规章甚至是规范性文件来填补,这种状况在实践中造成了不少矛盾和问题。四中全会明确提出要建立健全文化法律制度,要制定公共文化服务保障法、文化产业促进法和加强互联网领域和国家荣誉称号等方面的立法,这为文化立法指明了方向。十二届全国人大常委会组成以来,高度重视社会领域包括文化领域的立法工作。在颁布的"十二五"立法规划中,列入文化法律共8部,它们是公共文化服务保障法、文化产业促进法、网络安全法、公共图书馆法、电影产业促进法、著作权法(修改)、文物保护法(修改)及广播电视传输保障立法。这些立法在整个规划中占相当比重,在全国人大立法史上前所未有。

这充分表明本届全国人大常委会对加强文化法治建设的高度重视,也充分体现了全国人大常委会切实贯彻落实中央精神,通过法治手段推进经济社会和文化建设全面发展的积极努力。全国人大常委会委员长张德江明确指出,要充分认识完善我国法律体系的重大意义,"加强和改进新形势下的立法工作,适应经济建设、政治建设、文化建设、社会建设、生态文明建设五位一体总体布局的发展要求,进一步提高立法质量,不断完善法律体系,为实现'两个一百年'奋斗目标和中华民族伟大复兴的中国梦创造良好法制环境"。[1]因此,加大文化立法力度,依据宪法全面建立公共文化服务和文化产业方面的基本法律制度,既是文化法制建设自身的要求,更是完善中国特色社会主义法律体系的必然要求。

社会对文化立法的要求日益迫切。自九届全国人大以来,全国人大代表提出的文化立法议案数量逐年增加。据统计,1998—2015年仅全国人大教科文卫委员会收到的全国人大代表提出的有关文化立法议案191件,绝大多数都是近些年提出来的。议案的内容也不断扩大,主要涉及公民文化权益的保障、公共文化服务体系建设、文化产业和电影产业的促进、文化遗产保护、图书馆和博物馆立法、著作权保护、档案管理、文化市场管理等方面。同时,一些地方人大根据实际情况,也制定出一些富有特色的地方性文化法规,在立法上具有一定的突破性。如《内蒙古自治区公共图书馆管理条例》《四川省世界遗产保护条例》《广东省公共文化服务促进条例》《上海市社区公共文化服务规定》《江苏省人民代表大会常务委员会关于促进全民阅读的决定》《深圳市文化产业促进条例》等,在一定程度上填补了国家现行文化立法的不足。

[1]张德江. 完善以宪法为核心的中国特色社会主义法律体系[N]. 人民日报,2014-10-31.

三、我国文化立法的基本思路与框架

我国文化立法的基本思路是:建立以宪法为根本,以文化基本法律、专门法律和行政法规为主干,以地方性法规和部门规章为补充的中国特色社会主义文化法律制度框架。回顾过去的立法思路,有主张先行制定文化基本法的,有主张先行制定文化专门法的,也有主张先行制定文化行政法规的。从实践看,较为可行的一个做法是把制定文化基本法、专门法与制定行政法规结合起来,结合实际并行推进。十八大以来中央高度重视顶层设计,强调要加强包括文化立法在内的重点领域立法,尤其是要加强对综合性、全局性、基础性重要法律的立法,发挥立法的引领和推动作用。[1]公共文化服务保障法和文化产业促进法就是文化领域的两个最重要的基础性法律。十二届全国人大常委会立法规划已将这两部基本法和相关文化专门法纳入其中,积极采取措施,大力推进。近些年来,国务院和地方立法机关也出台了一系列文化行政法规和地方性法规,这为文化基本法、专门法的制定提供了一定的立法实践经验。

我国文化立法的根本依据是国家的宪法。宪法中规定了国家各项事业包括文化事业发展的宗旨、原则,规定了公民的基本政治文化权利。它们是文化领域基本法和专门法制定的依据和准则。在宪法之下,中国特色社会主义文化法律框架应包括三个层次。

第一层次是文化领域的基本法律,即公共文化服务保障法、文化产业促进法等。改革开放以来,随着我国社会主义市场经济的深化和文化体制改革的不断摸索,在理论和实践上出现的一个重大变革,就是将传统的“文化事业”区分为公益性和经营性两个部分,分别确立了“公共文化”和“文化产业”的地位。这两个概念的明确提出,打破了长期以来在部门分割下新闻出版、广播影视、文化艺术之间的壁垒,正确反映了在社会主义市场经济条件下我国文化发展的内在规律。

所谓“公共文化”,是指由政府主导、社会参与形成的满足人民群众文化需

---

[1] 参见《中共中央关于全面推进依法治国若干重大问题的决定》,人民出版社,2014年10月。

求，保障人民群众基本文化权益的各种公益性文化机构和服务的总和，包括了宣传文化领域中所有公益性部分。它的突出特点就是需要通过政府财政有效投入和相关政策扶持，保障其充分发挥社会服务之功用，以建设一个覆盖全社会、基本完备的“公共文化服务体系”。所谓“文化产业”，是指一切从事文化产品生产和提供文化服务的经营性行业，主要包括新闻出版发行服务、广播电视电影服务、文化艺术服务、文化信息传输服务、文化创意和设计服务、文化休闲娱乐服务、工艺美术品的生产、文化产品生产的辅助生产、文化用品的生产、文化专用设备的生产等。文化产业是社会生产力发展的必然产物，是随着我国社会主义市场经济的逐步完善和现代生产方式的不断进步而发展起来的新兴产业。“十二五”规划明确提出了我国文化产业发展全面发展的新目标，2015年基本建立现代文化产业体系和文化市场，文化产业增加值占国民经济的比重显著提升，文化产业推动经济发展的方式、转变的作用明显增强，逐步成长为国民经济支柱性产业。

一直以来，我国公共文化和文化产业方面的立法仍比较零散，立法的层次也较低，大多停留在政策层面，尚未形成一个较为成熟、完备、法律效力彰显的公共文化法律制度或文化产业法律制度。由于公共文化和文化产业性质、特点不同，立法的对象、内容也有较大差异，从一些国家的经验看，分别研究制定公共文化服务保障法和文化产业促进法，以作为公共文化和文化产业领域的基础性法律。这一思路符合我国社会发展的本质特点，也符合我国文化发展的长远利益。根据我国经济社会和文化发展的基本特点，将党和国家的行之有效的政策措施上升为国家意志，确立国家在发展公共文化和文化产业的基本原则和法律制度，这对我们作为一个文化大国而言，无疑是十分必要的，在立法上也是具有可行性的。同时，这两个基本法律也可为其他相关专门法律法规的制定提供充分的上位法依据。

目前，全国人大教科文卫委员会作为公共文化服务保障法的牵头起草责任单位，已于2014年初成立了起草工作机构，制定起草工作方案，广泛开展立法调研，公开向各界征求意见，在确保立法质量的前提下，有序推动法律起草工作，力争尽早将法律草案提请全国人大常委会审议。公共文化服务保障法作为公共文化方面的基础性法律，应当包含以下一些主要原则和内容：①明确本法的宗旨，即加强公共文化服务体系建设，丰富人民群众文化生活，传承中华民族优秀传统文化，弘扬社会主义核心价值观，提高全民族文明素质，促进社会主义文化繁荣发展。②明确公共文化服务的范围，打破现行文化管理体制，将分属于各个部门的基本公共文化服务内容纳入其中，建立覆盖全社会的公共文化服务体系。③坚持以社会主义先进文化为导向，坚持以人民为中心，以社会主义核心价值观为引领的原则，坚持公益性、基本性、均等性、便利性原则，坚持政府主导、社会力量参与、均衡协调发展原则。④建立国家基本公共文化服务指导标准和管理制度；明确各级政府对发展公共文化服务的基本职能、权限和义务，将其纳入各级政府经济社会发展规划、城乡建设规划，纳入财政预算。⑤建立公共文化设施制度、公共文化服务提供制度、保障措施制度。⑥加强基层综合公共文化服务中心建设，统筹资源，发挥综合性服务作用。⑦加强公共文化与现代科技融合，构建标准统一、互联互通的公共数字文化服务网络，开发特色数字产品，建设公共文化信息资源库，实现基层网络服务共建共享。⑧鼓励支持社会力量通过多种方式参与设施建设和提供公共文化服务；鼓励支持公民、法人和其他组织依法设立文化类社团组织，推动公共文化服务社会化发展。

文化产业促进法作为文化产业方面的基础性法律，其主要原则和内容应当包括：①确立我国文化产业的根本宗旨和目的，树立正确的文化导向；②明确文化产业的概念和范围，建立适合我国文化产业特点的统一标准；③明确各级政府和文化产业主管机构及其职责，构建我国文化产业统筹综合管理体制；④确立文化企业的法律地位和权利义务，制定相关金融财税和其他扶持保障措施，鼓励中小企业创业；⑤构建文化产业与科技（互联网+）融合机制；⑥建立社会化发展保障机制，促进我国文化产业的社会化发展；⑦建立人才培养和保障机制；⑧建立激励开拓国内外的文化市场的保障制度，推动我国优秀文化产品进入国际市场等。

第二层次是文化专门法。即根据文化领域中各项专门事业所制定的法律。由于文化领域是随着社会发展而不断发展的领域,文化专门法的制定也会有所变化和调整。根据实际情况,这些专门法律可分为几类:一是社会公共文化事业类法律(公共图书馆法、博物馆法);二是文化遗产保护类法律(文物保护法、非物质文化遗产法);三是广播电影电视类法律(电影产业促进法、广播电视传输保障法、广播电视法);四是网络传播管理类法律(信息安全法);五是新闻出版和知识产权类法律(著作权法)等。

第三层次是国务院文化行政法规、地方性文化法规、政府文化规章等。

论文化产业的发展态势与走势

高书生[1]

文化产业作为一种新的产业形态，其本质实际是围绕着文化生产和再生产进行的，经过十年的发展，文化产业已经成一定的规模，而且已经形成基本体系。这十年，文化产业发展在区域上呈现出一种阶梯状的分布，东部优先，中部追赶，西部快跑。下一步文化产业的发展态势和走势如何？本文将围绕以下三个问题展开论述：一是文化生产方式的变革；二是要打通文化事业和文化产业的通道；三是文化产业的发展，一定要服务国家的大战略。

一、文化产业发展的态势

（一）文化产业体系初步形成

国家统计局统计包括两个方面：一方面是文化产品的生产，另一方面是文化相关产品的生产。在文化产品生产里面包括七个方面：新闻出版发行服务、广播电视电影服务、文化艺术服务、文化信息传输服务、文化创意和设计服务、文化休闲娱乐服务及工艺美术品的生产。文化相关用品的生产：一个是指文化产品生产的辅助生产，主要是指印刷复制；另外还有文化用品的生产和文化专用设备的生产。国家统计局2012年对2004年的统计框架进行修订以后公布了新的文化产业统计标准。从图1中可以看到，从2012年开始，2012年、2013

[1]作者简介：高书生，中宣部文化体制改革和发展办公室副主任兼中央文化企业国有资产监督管理领导小组办公室副主任。

年都是按照新的口径统计的,2011年又倒算了一下,2011年要比2010高出很大一块,从11052亿增加到15516亿,其中有一部分属于统计口径的变化带来的增加值扩大,大概3000亿。

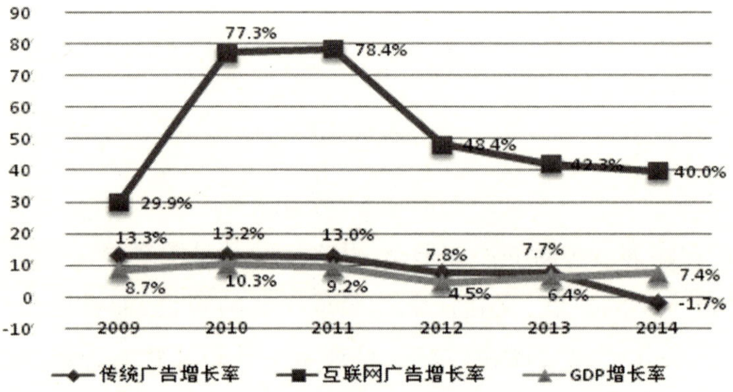

图1　2004—2013年中国文化产业增加值柱状图

(二)文化产业的主体

文化产业的主体是文化生产和再生产,这是文化产业的核心。围绕着文化生产和再生产,在国家统计局两大部分十个类别当中,可以重新组合为以下三个大的方面:第一,文化内容生产;第二,文化传播渠道;第三,文化生产服务。

文化内容生产主要包括新闻出版、影视制作、广播节目制作、演艺、工艺美术品的生产,以及文化内容的保存。文化内容保存就是图书馆、博物馆、档案馆、纪念馆等公共文化机构的藏品,再加上文化遗产的保护。

文化传播渠道主要是指出版物的发行、广电传输网络,如电影院线、演出院线,还有一个工艺美术品的销售和拍卖,都可以叫做文化传播渠道。

文化生产服务的内部实际上是两大部分,一个部分是辅助生产,另一部分是文化服务,如知识产权服务,主要是版权服务、会展服务、经济代理等。在文化生产服务里,印刷复制大约占在2/3的规模,其他资产的规模、销售的规模，纸张的制作现在都在下降。另外一个比较大的部分就是文具制造。

内容生产、传播渠道和文化生产服务，这是文化产业主体的三个部分。从图2可以看出，我们是把文化生产和再生产，前文所说的三部分或者四部分的增加值占整个文化产业增加的比重做了一个对比，最后我们就发现主体还是文化生产和再生产。如果我们只讲文化内容生产、文化传播渠道、文化生产服务的话，2004年，这三部分加到一起占当年的文化产业增加比例是52.51%，如果再加上生产性文化服务业是57.54%。2004年，接近60%是文化生产和再生产，剩下40%是国民经济体系的支撑。但2013年，这个比例发生了一个重大的变化，前文所说的文化内容生产、传播渠道、文化生产服务三项增加值占文化产业增加值的比例是61.79%，但是如果要把生产性文化服务业加到一起的话，占比是74.74%。2/3是围绕着文化生产，主体的运行是文化生产和再生产，这里面就包括了内容生产，传播渠道、文化生产服务、生产性文化服务，都是跟文化有关系的。因此可以看出，文化产业这十年的发展纯粹围绕着文化来做的，比例越来越高。

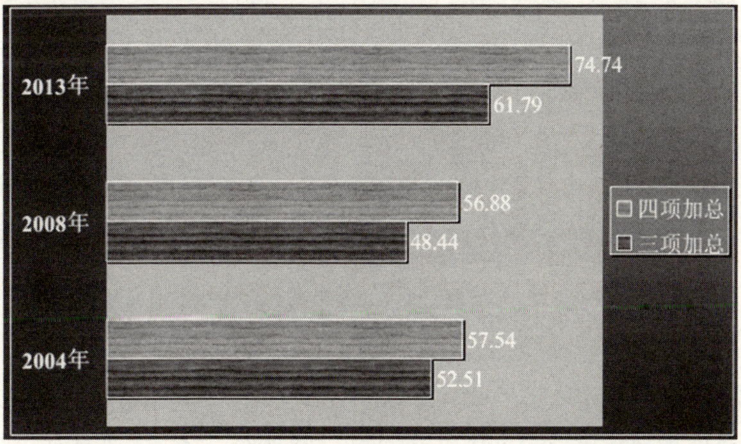

图2　文化产业内容生产、传播渠道和文化生产服务三项加总与生产性文化服务业四项加总占文化产业增加值比

(三)文化产业的区域发展态势

文化产业的区域发展态势呈现出一种阶梯状。图3是按照国家统计局东部、中部、西部的划分。按照2004年、2008年、2013年三年的数据,进行了一个增加值的对比。从中可以看出,这三年的增加值主要集中在东部。东部主要包括北京、天津、河北、上海、江苏、浙江、福建、山东、广东、海南。但是在东部里面也不是完全一致。最强的还是北京、上海、江苏、浙江、福建、山东、广东;最弱的就是海南、天津和河北。从2013年的数据可以看出,中部有一些地区增加值要超过东部的个别省份,如湖南、河南、湖北、江西、安徽其实已经超过天津和河北。在西部里面我们也可以看出,像重庆、四川、陕西,它们的增加值,应该说和东部的有些省份差不多,这个趋势是大体的一个趋势。

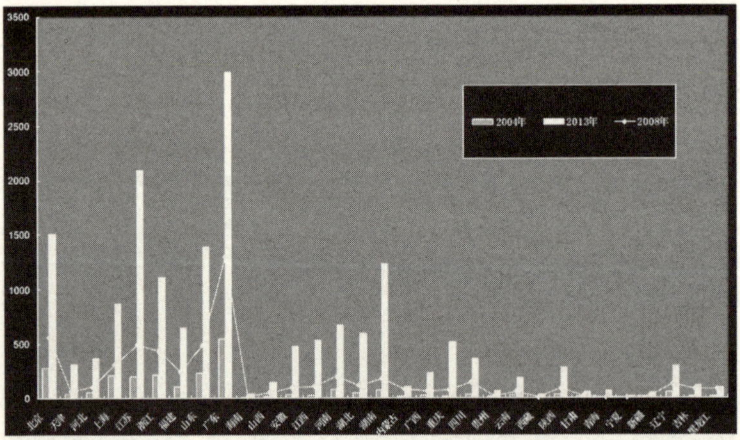

图3　2004年、2008年、2013年东中西各省文化产业增加值

从图4可以看出,文化产业从业人员主要集中在东部地区。图5是资产规模,可以看出东部还是占优,其次是中部。此外东三省,主要是辽宁、吉林、黑龙江,辽宁的文化产业发展应该说是在全国至少与中部地区差不多。

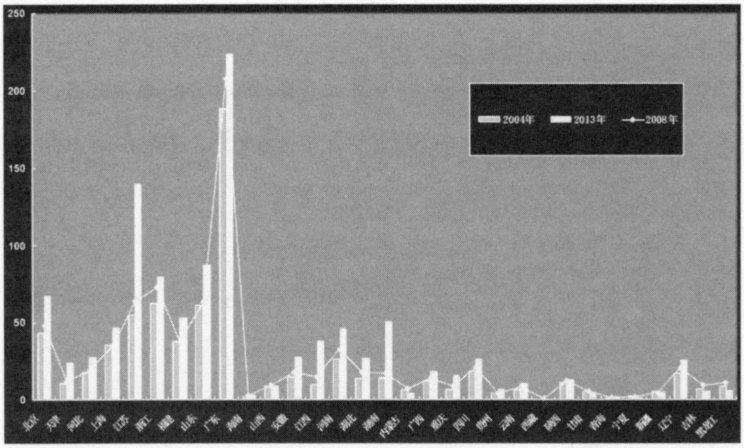

图4　2004年、2008年、2013年东中西各省文化产业从业人员

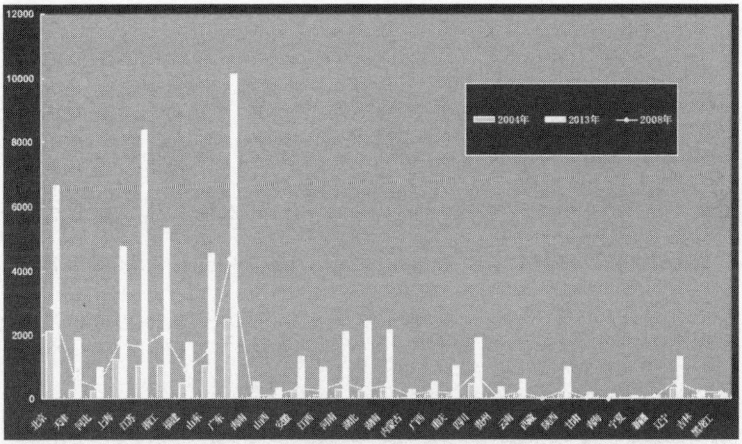

图5　2004年、2008年、2013年东中西各省文化产业资产总额

如图6所示，文化产业的主营收入也主要是在东部、中部，然后是西部。这是我们按照上文说的六个类别，按照东中西部来看，2004年是北京，然后是上海、江苏、浙江，接下来是福建、山东、广东比较强，增加值在全国占得比较强。

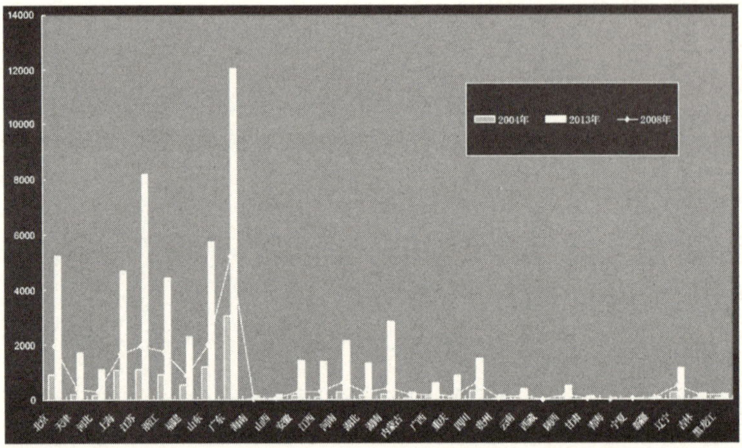

图6　2004年、2008年、2013年东中西各省文化产业主营收入

然后再看图7所示的文化传播渠道,东部也是占优的,剩下的就是中部地区,再往下就是西部。从图8可以看出,在内容生产方面,2004年和2008年基本走势一致,北京排在第一位,之后是浙江,然后是广东及中部地区的河南、湖南、湖北。辽宁与中部地区的有些省份是差不多的,大概这样一个排位。2013年,在内容生产上,广东产生一个大的飞跃,增加值过800亿,排在第一位,排在第二位的是北京。而图6的主营收入的趋势更明显,东部、中部和西部的差距更明显。总体来说,东部绝对是领先的,中部这些年确实在追赶,西部这几年也是在加速快跑。

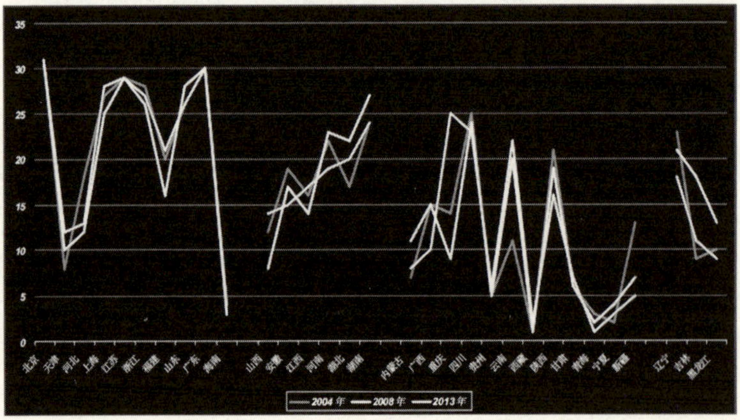

图7　2004年、2008年、2013年东中西各省分类别分地区排序(文化传播渠道)

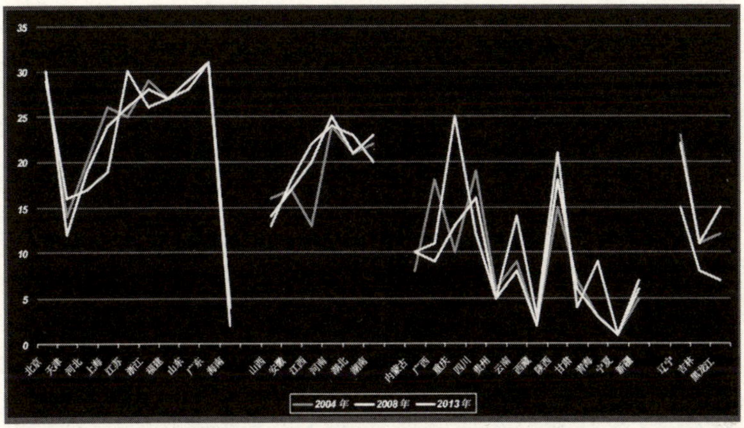

图8　2004年、2008年、2013年东中西各省分类别分地区排序(文化内容生产)

从以上数据分析中得出结论,在区域发展问题上,东中西部存在差距,这个差距主要表现在主营收入、资产规模、从业人员和增加值这几项指标上。按照这个排序可以发现,虽然差距是存在的,但是我们从结构上去看的话,东部的这种领先地位,现在正在受到中部的一些威胁,中部这几年发展确实是非常快的,特别像湖南、湖北、安徽这些中部省份,包括河南在内,应该说与东部个别省份并驾齐驱,例如上海、江苏、福建、广东、山东、浙江、北京,这几个东部地区优势非常明显的省份。但是有些东部地区,已经远远落后于中部地区,而且更重要的是这种差距越来越大。目前按照类别来分,只看内容生产,东部还是占优势的。关于文化传播渠道(图7),东部优势比较明显。但是也可以看出在传播渠道的问题上,东中西的差距没有内容生产那么大,大概是因为传播渠道直接连接文化消费市场。但是文化生产服务的,东部地区绝对是占先的,生产性文化服务业主要还是集中在东部地区。

二、文化产业的走势

(一)文化生产方式的变革

从图9可以看出以下三个问题:第一,不管按照年均算,还是按照单年的年度算，文化产业的年均增长速度从2004年到2013年，都是呈两位数以上的增长水平。2004年到2008年的年均增长速度为23.28%，高出同期GDP增长速度近5个百分点。2008年到2010年的24.19%的年均增长速度，高出同期GDP增长速度将近一倍。2011年21.96%，2012年16.5%，2013年11.1%，都是两位数。第二，这样的数据很有力地证明了2008年到2009年期间，在国际金融大危机的背景下，文化产业逆势上扬。2008年是国际金融大危机，这三年时间文化产业的年均增长速度，考虑了物价变动的因素是24.19%，而同期的GDP增长速度只有12.6%。2004年到2008年期间23.28%，2008年到2013年期间是24.19%，文化产业的年均增长速度不仅没有降下来，反而略有提升，但是同期的GDP增长速度，从18.4%降到了12.6%，降了5.8个百分点，所以说逆势上扬是成立的。第三，2012年以后文化产业的增长速度明显放慢。文化产业年均增长速度比2010年增长21.96%，接近22%，到了2012年以后，2012年文化产业年均增长速度比2011年增长16.5%，尽管还两位数，但是已经降到20%以下。

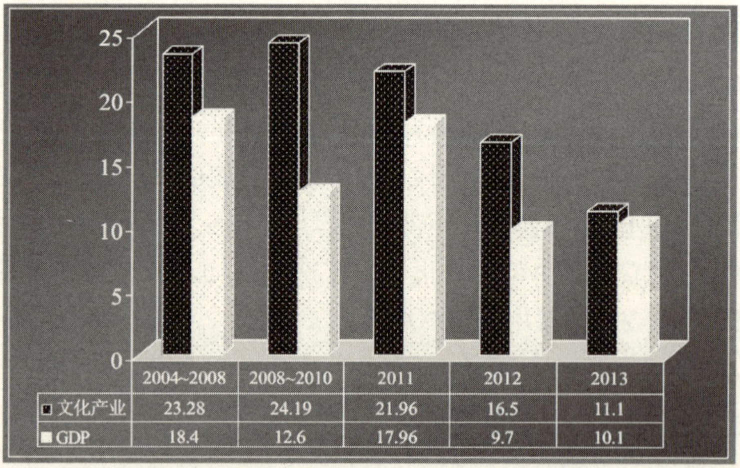

图9　中国文化产业年均增速与同期GDP增速

面对急速下降的文化产业发展态势，推动整个文化生产方式的变革非常必要。目前文化生产方式，总体而言还是一种封闭式的小生产模式。从文化的创作生产来看，封闭式的小生产模式，师傅带徒弟，一家一户，规模很小，自给自足，是我国传统的文化生产的特点。但是从文化消费的角度来看，这种生产方式远远不能够适应文化消费的高速发展。现在文化消费呈现了大规模、集中式的特点。中国人口众多，人们基本解决温饱问题以后，对文化需求非常强劲，而且发展的速度超出想象。例如，10年前一部电影的票房收入，如果能过了1亿人民币，简直是惊天动地，但现在一部电影票房过2亿非常平常。去年全国票房是300亿人民币，过10亿人民币的大片至少10部以上。当然也有一些赔钱的，还有一些根本就不赚钱的、没有票房，更有甚者根本上不了院线。由此看来，目前我国文化消费的特点是：大规模、集中式。这是文化消费的特点，必须用社会化大生产去适应这种文化消费。所以现在整个文化生产方式，一定要从过去封闭式的、自给自足的生产方式转变为协作式的社会化大生产。这种生产方式变化了以后，按照社会化大生产、可复制的规模化生产，它的文化传播力、它对文化消费满足的程度，应该是更适合的。

另外一种变革方式就是融合，特别是传统媒体和新生媒体的融合。从本质上来说，这是一种业态的转换。这种业态的转换是文化和科技融合的必然产物。联合国教科文组织早在2009就提出来，过去的传统业态在新的技术条件下都出现了新业态。连最古老的图书馆、博物馆都有新业态——虚拟图书馆、虚拟博物馆；书报刊有了电子书、数字报刊，出现了电子和虚拟出版；广播电视电影有了互联网的在线播放，出现了视频网站，还有广播电视在互联网的直播。这些都是新技术带来的文化和科技的融合，最后形成了一些文化新业态。所以把传统媒体和新媒体的融合看成是一种业态的转换更符合这样一种趋势。

要想适应这种趋势的变化，文化单位一定要和资本市场对接，渠道就是文化企业的改制上市，与资本市场对接。融合有多种形态，如把文化产业和现代服务业融合，通过创意设计提升现代服务业的品牌价值和附加值；通过开发文化遗产和旅游业结合，提升旅游业的品位；通过开发电子书报等，发展文化产业与国民教育体系的融合，让这种教育体系实现过去东方教育体系所承载的文化传承功能，改变或者扭转目前我们国民教育体系当中只重视教知识,而忽略了教文化的状况。这种融合说到底是文化产业和国民经济体系的融合。这是文化产业的广度,如果这个广度打不开,文化产业这条路会越走越窄。

那么,要与国民经济体系融合,就必须从过去封闭的小生产走向社会化大生产,这是文化生产方式的一次根本性变革,这种变革现在已经出现,如果不抓住这种变革的话,企业可能就落伍了。所以,通过这样一种文化产业和国民经济体系的融合,使得文化的生产和再生产从过去的自循环进入到国民经济体系的大循环,这种生产方式的变革就是要带领文化产业进入到国民经济体系的大循环当中去,去寻找这种发展的机遇。

生产方式里面第二个方面需要关注的就是数字化、网络化。如果把文化生产看作一个连续的过程,就是文化再生产包括四个环节。物质再生产有四个环节:生产、交换、分配、消费,但是文化再生产应该有自己的特点,我们把它分为创作、生产、传播、消费。现在看来文化消费的终端都已数字化,但是文化的创作、生产和传播,还远远没有数字化。所以,就出现了文化消费终端的数字化倒逼我们的文化创作生产和传播要实现数字化。这也是文化生产方式一个很大的变化趋势。

那么,这种文化数字化从大的方面来讲就是文化和科技的融合,文化科技的融合,一个是通过硬件、文化装备来实现,另外一个通过软件,就是通过文化产业的支撑技术来实现。整个文化数字化的过程是未来趋势。按照这种趋势,现在一方面要大力发展新型的文化产业,如动漫、游戏等,另一方面要推动传统产业的转型升级。内容生产数字化举个最简单的例子,就是出版的数字化。传播渠道数字化就是广电网络的数字化改造,就是这样一种数字化趋势。

(二)文化事业和文化产业的打通

文化事业和文化产业区分开,是2002年党的十六大提出来的一个命题。2003年启动文化体制改革,它的一个基本思路就是区分公益性文化事业和经营性文化产业。经过十年的文化体制改革,基本上已把事业和产业分开。过去为了推动文化体制改革,我们区分了文化事业和文化产业,现在要推动文化的发展繁荣,必须得注重两者内在的联系。从大的方向来讲,两者的联系可概括为公益性文化事业是文化产业的源泉,反过来文化产业是文化事业的基础。这两者都不可偏废。

从更广泛的意义上来讲。文化事业和文化产业的内在联系。如果把文化事业看作是一种文化的积累和积淀,主要目的是为了汇集大众,一方面满足人民群众的精神文化需求,另一方面又可以激发许多人的创作灵感和提供创作的素材形成作品,而这种作品和当期的文化消费一结合,就会生产出文化产品和文化服务。而这种结合谁来做呢?文化产业、文化企业来做。文化产业是什么?就是文化企业的一个集合体,这就是事业和产业的关系。另一方面的关系是什么?这些文化产品和服务最终都会作为文化的积累和积淀进入到文化事业,就是今天的文化产品和服务就是明天的文化资源。如果把文化事业和文化产业放在一个历史长河当中去看,这两者之间的内在联系一目了然。

那么,从现实文化消费的角度来看,又可以看出文化事业和文化产业的关系,可概括为三个方面:一是文化事业将为文化产业提供素材;二是文化产业生产的文化产品积淀以后形成了文化资源进入到公共文化消费领域;三是通过政府购买服务的形式把当期的文化产品转化为公共文化产品,这就是我们现在为什么要大力发展政府购买服务的形式,实际就是完成这样一个过程。所以只是从这三个方面来看,文化事业和文化产业是有内在联系,是有桥梁、有纽带的,要通过这样一个桥梁纽带将文化事业和文化产业联系起来。而恰恰在这个时候,习近平总书记给我们提出了一个很大的课题,能把两者联系在一起,就是通过系统梳理传统文化资源。2013年底在政治局集体学习的时候,习总书记提出来要系统梳理传统文化资源,而且说得很形象,要把收藏在禁宫里的文物、陈列在广阔大地上的遗产、书写在古籍里的文字活起来。

文化资源的聚集地主要在两方面:一方面是公共文化机构,包括图书馆、美术馆、博物馆、纪念馆、文化馆,还有档案馆,另一方面就是文化部门,包括电台、电视台、电影制片厂、书报刊出版社、唱片公司。把这些文化资源进行系统的梳理,然后实现数字化、然后再碎片化、然后再标签化,就形成了中华文化的素材。这些素材提供给我们的企业,这样我们就可以形成中华文化素材库。在这方面民营企业做得还是非常好,如超星,收集了全国400多家公共文化机构的图书、藏书,掌握了270万种中文图书的原数据。包括解放前的76%、解放后的95%的原数据。

如果把这素材库建完以后形成六个库:字库、音库、象库、乐库、武库、剧库。这件事做完可整个支撑生产方式的变化,从文化资源碎片化、标签化变成素材库,通过展示、交易,然后进入到创作生产,一方面变成文化产品,通过传播、消费满足了精神的需求,另一方面通过文化创意和设计服务进入到国民经济体系,与制造业结合,与现代服务业结合,就形成了物质消费,整个文化就和国民经济体系连在一起了。这样的话,文化产业的发展空间就会更大一些。

(三)文化产业的发展一定要服务国家大战略

文化产业最大的战略就是两个百年、中国梦,到2020年建党一百周年的时候,要全面建成小康社会,公共文化服务体系要完备,文化产业要成为支柱性产业。到2049年建国一百年的时候要建成社会主义现代化强国,在文化领域就是一个要建成社会主义文化强国,一个就是文化生产力要高度发达,文化软实力要强大,这是我们最大的战略,文化一定要与国家的大战略结合在一起。现阶段文化产业最现实的战略就是配合国家的"一带一路"战略,整个体系覆盖了44亿人口,占全球的65%,可谓规模空前。现阶段文化产业关键要解决战略布局的问题,也是海外布局的问题,一方面是传统的文化交流,另一方面是现在大力发展的文化贸易和投资。文化交流主要是政府主导的,文化贸易和对外投资主要是以企业为主体。下一步如何推动以企业为主体的文化贸易和投资,是比较紧迫的一件事。因此要抓住重点,一个是要做渠道,一个是要做内容。这个渠道就是我们平常说的书店、剧场、影院、电台、电视台,而内容具体来讲是图书、剧目、电影,还有一些广播电视的节目等。

十八大以后,整个国家的外交有了新的布局和格局,整个文化应该要和国家外交的大格局要统一起来。国家外交大布局的形成,给文化产业的发展提供了非常多的机遇。未来的趋势,文化产业在服务国家大战略这方面,应该有一些很好的安排。有了国家大战略的格局再去做布局,有了布局再去做布点,文化产业和文化事业才能真正的发展起来。

Chapter02

理 论 研 究

论文化、文化产业与产业文化的概念区分与发展趋势

何小锋[1]　林四春[2]
（北京大学　北京　100871）

摘要：文章首先分析了文化的体系，界定了一般的文化与广义的文化，同时界定了狭义文化与文化产业，提出了文化产业是传媒业与娱乐业的加总，娱乐业由新闻业、文艺业、体育业与旅游业组成，同时协调了国家文化管理与对比了当前的文化产业分类。本文分析了产业文化，提出了非物质文化的类型有语言文化、哲学文化、科学文化、技术文化、制度文化、文体文化、品牌文化等七类，物质文化的类型有物的文化、人的文化、组织文化、时间文化、空间文化、行为文化、事件文化等七类，同时指出了产业文化如何运作的方法。最后，指明了文化产业与分类体系的发展趋势。

关键词：文化产业；物质文化；非物质文化；产业文化

文化产业的概念的提出有一百多年了，但是，文化产业成为中国热点是最近几年的事，并且热度一直上升，中央与地方扶持中国文化产业的政策力度空

[1]作者简介：何小锋，北京大学金融与产业发展研究中心主任，北京大学经济学院金融学系教授，博士生导师。

[2]作者简介：林四春，北京大学金融与产业发展研究中心主任助理，管子投资（北京）有限公司CEO，金融学博士。

前。文化产业、文化机构与文化产品在各种场合被大量使用。事实上，世界各国对文化产业并没有一个统一的界定，并且，这些概念的混乱程度超出了其他领域的概念混乱程度，对实务界与理论界的进步产生巨大影响。随着社会的发展，概念也会一定发展。特别是当代社会，科技进步飞速，互联网在各个行业渗透得更深入，行业之间的界限会不断被打破与重组，特别需要与时俱进地对重要概念体系进行规范分析与趋势分析。到底何谓文化产业？到底需不需要这个概念？产业文化如何进行？本文会一一解答这些问题。本文试图从文化概念层次说起，慢慢过渡到文化产业体系与产业文化体系。本文的主旨还在于说明文化产业与产业文化的未来发展趋势。

一、文化的概念

在论述文化产业体系之前，需要首先论述清楚文化的概念体系。文化与文明是一对基本的概念，属于社会科学领域的基本范畴。基本范畴也可能被颠覆，一种颠覆是论证取消这个概念，一种颠覆是论证调整这个概念的外延与内涵。文化与文明定义繁多，不一一综述。从文化与文明的众多定义中，大致可以总结出，文化一般是指精神财富，文明是指物质财富加精神财富。

“波普尔提出的三个世界理论分别指：第一世界物质世界，第二世界意识世界，第三世界意识产物。各个世界总是处于空间与时间之中，空间与时间是三个世界的先验存在，三个世界同时在不停的运动。例如，客观世界的固定资产在被生产、消费、损耗；人的体力劳动主要是物质世界的运动；人的脑力劳动主要是第二世界的运动；人的语言，语言组成的知识、科学、艺术作品等都是意识产物，意识产物也在不停运动。三个世界相互联系，以某种方式相互作用”(林四春和何小锋，2013)。

所以，文化一般是第三世界意识产物，文明一般是第一世界物质世界加上第三世界意识产物。第二世界是个体性的，是个体间差异的，如果个体间达成了共识，那就转化为了第三世界的精神产物。有些个体的心理活动(可能是重要人物的思想，可能是普通人物的心理)因为被流传下来，所以转化成为了第三世界；有些群体的心理活动形成了社会观念等，所以同样转化成为了第三世界。这些个体或者群体的心理活动转化为第三世界,也就形成了文化。

(一)一般的文化

文化需要分析它的边界与类型。这里借鉴货币的概念层次方法,把文化概念分为几个层次,这样,同时说明清楚文化的边界与类型。这里直接给出结论。

如无特别说明,一般的文化是指精神文化和物质文化的加总。特别提示,不管是物质文化还是精神文化,都是精神财富,都是体现其中内在的精神。物质文化是指物质产品所表现的精神财富,包括吃穿住行等一切有形的人化的世界,是文化要素的物质表现方面。精神文化是指第三世界意识产物所表现出来的精神财富,包括科学知识、知识产权、艺术成果、民俗文化等。一般而言,精神文化是有物质作为载体的,如音乐精神文化的物质载体就是唱片、电脑等,科学知识的物质载体就是书本、电脑等。当然,唱片、书本与电脑也是物质文化本身。古代,有些口口相传的神话文学是没有物质载体的,在当代,有些还没有记录下来的心理记忆也是没有载体的。

总之,无论是精神文化还是物质文化,都是精神财富。很多第一世界的物质,既是物质文化本身,也是精神文化的载体。文化与文明只是从不同角度出发看问题,一个是侧重精神,一个是侧重物质。基本上,文化加上第二世界意识世界就是社会本身了,所以,很多时候文化与社会被混合使用在某些学科,如文化人类学、文化地理学、社会地理学等。

(二)广义的文化

首先这里,借鉴世界遗产的概念体系,来说明一下广义的文化体系。世界遗产是指被联合国教科文组织和世界遗产委员会确认的人类罕见的、目前无法替代的财富,是全人类公认的具有突出意义和普遍价值的文物古迹及自然景观。总的来说,世界遗产包括世界文化遗产、世界自然遗产、世界文化与自然遗产和文化景观四类。文化遗产包括物质文化遗产和非物质文化遗产[1]。文化景观是自然与人类的共同作品，分为由人类有意设计和建筑的景观、有机进化的景观与关联性文化景观。我们认为，文化景观分为完全可以划归为世界文化与自然遗产。

不仅双重遗产有人为改造的痕迹，而且，被规定为自然遗产的自然环境肯定带有人为改造的痕迹，所以，自然遗产也是文明，自然遗产也是文化。我们可以把自然遗产理解为是自然文化。从自然遗产，到双重遗产，再到文化遗产，人化痕迹的比例在加大。

所以，广义的文化包括一般的文化(精神文化与物质文化)和自然文化。文化的边界确定了，需要区分文化的类型，可以从多个维度出发，对文化进行分类。我们要阐述的一个重点是产业文化，会在下文详述文化的类型与产业文化。

(三)狭义的文化

下面分析狭义的文化。狭义的文化是与后文的文化产业对应的文化。文化产业中的文化，不是一般的文化，也不是广义的文化，否则，文化产业就是涵盖了所有的产业，没有意义了。总之，狭义文化就是文化产业中的文化，所以，如何界定文化产业成为关键。如何界定文化产业，也需要考虑与文化产业的行政管理相协调。下面，就从文化过渡到文化产业的体系。

二、文化产业的体系

当代社会，产业高度分化，高度标准化。一般而言，当代社会的很多产业不被认为是文化产业，如农业、工业、建筑业、批发零售、房地产、交通运输、餐

[1]根据《世界遗产公约》，物质文化遗产包括古遗址、古墓葬、古建筑、石窟寺、石刻、壁画、近代现代重要史迹及代表性建筑等不可移动文物，历史上各时代的重要实物、艺术品、文献、手稿、图书资料等可移动文物；以及在建筑式样、分布均匀或与环境景色结合方面具有突出普遍价值的历史文化名城(街区、村镇)。非物质文化遗产指被各群体、团体、有时为个人所视为其文化遗产的各种实践、表演、表现形式、知识体系和技能及其有关的工具、实物、工艺品和文化场所。

饮住宿、信息技术、金融业、商务、公共管理、科技服务、教育、卫生、生活服务等。这些非文化产业有哪些特点？总结起来就是农业、工业与交易成本型服务业[1]。那么反过来,到底哪些产业才是文化产业？哪些才是文化产业中的文化呢？这里可以总结出,除去非文化产业,剩下的就是文化产业;文化产业的核心就是剩下的传媒业与娱乐业。娱乐业借助于传媒业才组成大众的文化生活。不论是传媒业,还是娱乐业,都与目前的国民经济行业分类标准有些不一致,下面会详述。同时,也说明,狭义文化主要就是大众面对的传媒与娱乐。

(一)传媒产业

因为每一类传媒或者说媒体(media)传播的对象种类繁多,所以,需要把传媒作为一个行业独立出来。传媒业与娱乐业的关系,好比是制造业与零售批发业的关系,建筑业与房地产业的关系。媒体就是信息传播的平台,但是,一般不把电商平台理解为媒体,电商平台属于零售批发或者商务服务,但是也有一定的媒体功能,属于产业文化的渗透;同时,一般不把电影院、歌舞厅等娱乐场所理解为媒体,娱乐场所属于相应的娱乐业,但是娱乐场所也有相应的室内屏幕作为媒体。媒体的细分类型很多,称谓也比较混乱,新媒体层出不穷,但是大体上,根据介质不同,可以分为纸质媒体与电子媒体,根据流动性不同,可以分为固定媒体(室内屏幕、户外屏幕等)与流动媒体(出版物、手机、笔记本等)。

(二)娱乐业

娱乐(amusement)也是历史悠久的常用概念,是人类追求快乐与缓解生存压力的一种天性,娱乐就是快乐的生活,区别于工作、学习与必要生理时间时的活动。闲暇或者休闲(leisure)强调的是非工作与必要生理时间。休闲与娱乐的区别在于,休闲强调的是时间,娱乐强调的是活动,休闲范围大

[1] 交易成本型服务业就是这个社会的交易成本行业。这个行业的特点是在满足人们需求的同时,占得比例越小越好。甚至最好可以不存在,就满足人们的要求。这里没有把广告业纳入,广告咨询业应该纳入商务服务业。

于娱乐,休闲包括娱乐与狭义的学习。广义的学习包括工作中学习、娱乐中学习与狭义的学习。狭义的学习一般不是娱乐。所以,用娱乐业来概括快乐产业应该更加准确。娱乐业包括新闻业、艺术业、体育业与游览业。下面将分别阐述。

1. 新闻产业

这里把新闻业理解为娱乐业,需要特别说明。新闻是通过各类媒体途径所传播的信息,新闻业就是这些信息内容的制作行业,而不是平台。发布新闻的平台属于传媒业。虽然,目前很多媒体都有发布新闻等内容制作的业务,但是,媒体的主要功能在于平台,新闻业的功能在于内容,这也是娱乐业的特点。大部分新闻本身也是公众休闲娱乐生活的一部分。

目前新闻出版行业归为一类,显然有一些问题。随着网络时代的到来,出版业只是传媒业的一部分。传媒业应该包括各类媒体平台,不仅是原来的出版业,还包括网络平台。

2. 文艺产业

这里的文艺等同于艺术,包括文学与艺术。艺术来源于生活,高于生活。艺术有很大的娱乐性功能,所以,艺术产业是娱乐业。虽然艺术不只有娱乐性质,也有教育等其他功能。目前艺术理论与美学理论很多,如何才能对艺术进行合理分类,以促进产业划分,是本节的重点。首先,说明艺术的边界。这里的艺术不包括可复制的艺术工业品。虽然这些工业品,从家具建筑,到生活用品,都包含了艺术设计的成分(建筑设计与工业设计),但是,工业建筑业一般不应该被认为是文艺产业,而是属于工业建筑本身。然而,个体性生产的绘画、雕塑、工艺美术品确实属于艺术业,也属于娱乐业,属于文化产业,属于服务业。下面对艺术进行分类。

在这里,艺术细化分类是为艺术产业分类服务的。艺术分为文学艺术、美术艺术与演艺艺术等。文学艺术包含诗歌、散文、小说、剧本文学等。美术艺术既是视觉艺术,包含书画、雕塑、摄影与工艺美术等。演艺艺术可以再分类,可以分为听觉艺术、身体艺术和综合艺术。听觉艺术包含音乐、朗诵与曲艺等。身体艺术包含舞蹈、杂技等。综合艺术就是各类艺术的综合,包含戏剧、戏曲、电影、电视剧与综艺节目等。此处没有将听觉艺术与身体艺术合并为表演艺术,因为,我们认为视觉艺术的趋势会是表演艺术,书画、雕塑等都可以成为表演艺术。艺术产业最重要的一个环节就是艺术品的生产与消费,其次是艺术游览(美术馆、博物馆等)与艺术参与(歌舞厅、酒吧等)。

3. 体育产业

体育不仅是体能教育,更应该做扩大理解为运动。现代社会,体育已经扩大理解为竞技性娱乐活动的总和,不仅是体力性运动的总和,也是智力性运动的加总。所以,体育包含了很有游戏项目,包括了棋牌游戏、拓展运动与电子竞技等。事实上,体育包含了所有的游戏类项目。体育最重要的一道菜就是赛事,不仅职业赛事,还是民间赛事,其次是体育场馆经营。

4. 旅游产业

广义的旅游业是包含交通、住宿、餐饮、购物、游览、文娱等六个环节的综合性行业。狭义的旅游业主要是游览与文娱,更主要是游览项目,包括收费性的景点游览与不收费的城乡游览。这里的旅游,不对旅行距离进行限制。可以发现,旅游业与其他产业有一定交叉,特别是文艺产业,很多景点往往包含文艺演出。但是,这些交叉不足以影响大的产业划分。旅游产业的核心自然是游览活动。

(三)文化产业层次

文化产业需要划分层次。这里主要针对娱乐业进行划分。娱乐业主要是分为核心娱乐业与边缘外围娱乐产业。前面已经指出文艺产业、体育产业与旅游产业的核心业务,同时,这里指出它们的边缘外围辅助性业务,分为娱乐中介活动,娱乐场馆经营活动。这些活动才能计入真正的文化产业统计。

另外,文化产业也会考虑相关产业,主要就是文化产业的上游产业,如文化产业管理(政府与协会等)、文化产业教育培训与研究、文化产品生产与销售、文化产业场馆建设等。

下面,将文化产业类型与国家统计局《文化及相关产业分类(2012)》中的类型进行比较。我国目前规定文化产业为:①以文化为核心内容,为直接满足人们的精神需要而进行的创作、制造、传播、展示等文化产品（包括货物和服务）的生产活动；②为实现文化产品生产所必需的辅助生产活动；③作为文化产品实物载体或制作（使用、传播、展示）工具的文化用品的生产活动(包括制造和销售)；④为实现文化产品生产所需专用设备的生产活动（包括制造和销售）。

区别主要在如下[1]。

(1)我们严格区分文化产业（核心文化与边缘文化产业）与相关文化产业。我们认为这两个文化产业需要分开统计，特别是要统计真正文化产业，而不是相关文化产业。相关文化产业在国家投入产出表中更能够详细反映，而且，投入产出表还能够反映最终消费与下游企业的购买情况，就是文化产出中有多少是被消费，有多少是被各个行业所购买。

(2)我们没有把工业化生产的艺术性商品纳入文化产业，国家统计标准将之纳入。我们认为工业化产品应该计入工业，但是，可以分离出里面的艺术设计作为文化产业的内容。虽然，现实是工业企业内部如果有专门的艺术设计团队，即使使用分摊法也会比较难以统一。这与金融业务在非金融企业中也很难完全统计一个道理。另一个可靠的方法，就是使用从业人员的统计，然后根据从业人员的收入来统计艺术设计在工业等非文化产业中的比例。

（四）相关领域的协调

目前的文化产业分类需要与国家的文化管理相协调。按照目前的文化产业分类，涉及目前国家的文化管理主要有文化部、新闻出版广电总局、国家旅游局、国家体育总局。事实上，完全可以将这几个管理机构合并为文化部，负责管理中国的文化产业，管理中国的传媒业、娱乐业以及文化相关事项。建议新设的文化部，可以细化为传媒司、新闻司、文艺司、体育司、旅游司等，另外需要设置文化遗产保护司，负责文化遗产申请与保护。

目前，联合国教科文组织也是划分了教育、科技与文化三部分。这样，新的文化部也是与联合国的文化管理相对应的。另外，文化机构应该是从事文化产业的机构。文化产品是文化机构的产出，也可以是下文中产业文

---

[1] 李波，王谦，汪寿阳，邢伟．中外文化产业分类体系比较研究[J]．管理评论，2010(3)．

化输出的产品,下文会详述。这两个概念问题不大,在具体使用上不容易混淆。

三、产业文化的体系

在文化产业高涨的当代,有很多企业希望借助文化来为企业增加无形资产,提高附加值。这个就是目前各个产业的文化化趋势,称为产业文化化。产业文化中的文化主要是一般的文化或者广义的文化,而不是狭义的文化,所以,文化产业中的文化与产业文化中的文化含义不一样。要说明清楚产业文化,需要对广义文化进行类型化处理。

(一)非物质文化的类型

不管是非物质文化,还是精神文化,都是这个社会文化的核心,而且,很多物质文化也是其他精神文化的载体,或者,大部分物质文化都体现内在的某些精神文化。

目前关于非物质文化遗产的分类主要有:联合国教科文组织《保护非物质文化遗产公约》、我国《国家级非物质文化遗产代表作评定暂行办法》与《中华人民共和国非物质文化遗产法》。这些分类体系也不尽相同[1]。下面给出我们建议的非物质文化的类型。

(1)语言文化。语言与文字是形成文明与文化的基础。语言文字的文化是第一位的文化,没有语言文字,人类会很难塑造出丰富的物质世界与精神世界。有些语言文字已经完全灭绝,有些语言文字只是被保留在资料中。

(2)哲学文化。哲学文化主要就是历代精英的世界观、价值观与人生观。

---

[1] 三个文件的分类分别是以下。《保护非物质文化遗产公约》的分类:①口头传统和表现形式,包括作为非物质文化遗产媒介的语言;②表演艺术;③社会实践、礼仪、节庆活动;④有关自然界和宇宙的知识和实践;⑤传统手工艺。《国家级非物质文化遗产代表作评定暂行办法》的分类:①口头传统,包括作为文化载体的语言;②传统表演艺术;③民俗活动、礼仪、节庆;④有关自然界和宇宙的民间传统知识和实践;⑤传统手工艺技能;⑥与上述表现形式相关的文化空间。《中华人民共和国非物质文化遗产法》的分类:①传统口头文学以及作为其载体的语言;②传统美术、书法、音乐、舞蹈、戏剧、曲艺和杂技;③传统技艺、医药和历法;④传统礼仪、节庆等民俗;⑤传统体育和游艺;⑥其他非物质文化遗产。

相比之下,大众的三观基本没有被保留下来,有些只会被记录在书籍上。就算是精英的思想,很多也只是记录在书籍上,不算形成文化遗产。这里的哲学思想文化会与后面的科学文化、技术文化等有交叉。宗教文化比较特殊,这里归为哲学文化,包括一般的宗教、原始信仰与神话传说等宗教色彩重的事物。这是重要的文化遗产。

(3)科学文化。科学文化是关于自然社会现象的知识和关于思维与方法的知识。古代自然方面的科学知识和很多常识,自然成为了文化遗产,涉及数学、天文、地理等方面。有些迷信等伪科学不作为文化遗产保留下来。对现代有启发意义的朴素科学,作为文化遗产会保留下来。

(4)技术文化。技术文化是科学或者其他非科学知识在社会各产业中的应用,包括工农业技术、手工业、建筑、医术、商业方法等。对现代有启发意义的朴素技术,作为文化遗产会保留下来。

(5)制度文化。制度某种程度上就是概括社会科学,包括语言文字、法律、道德、行业制度、组织制度、家族制度、消费习俗、生活习俗等。对现代有启发意义的制度文化,作为文化遗产会保留下来。传统礼仪、节庆等民俗属于制度文化。

(6)文体文化。文体属于娱乐,但是用文体来概括,不用娱乐。因为娱乐中新闻与旅游一般没有无形资产作为遗产保留下来。文体文化包括文艺的产出与体育的各种类型。文艺遗产与体育遗产就是一个重要的文化遗产。这里没有使用人文学科的概念,人文学科的范围一般是文史哲,但是,语言一般包括在制度文化里面,历史则是横断性的,在各类文化都有体现,哲学自然包括在哲学文化里面。同样,各个学科事实上已经包含在各类非物质文化中。

(7)品牌文化。品牌文化就是商业标记权文化。商业标记权包括商标、商号、地理标识、商品特有名称、域名、商业外观、商业形象、特殊标志等(王莲峰,2009)。商业标识的范围是一个动态的过程,外延会不断扩大,如作品标题、商务用语、实用艺术品、网络标识等(王莲峰,2009)。商业标识权还可以扩大到以人为主体的客体,如姓名权,肖像权等。品牌本身也是一个重要的文化遗产,但是,品牌不是孤立的,往往会与品牌的主体连为一体作为文化遗产。事实上,我们在之前的研究已发现,无形资产的类型包括创造性成果权、商业标记权、政府许可权与其他信息权利(林四春、何小峰,2013)。创造性成果权就是技术文化与文体文化的总和。政府许可权与其他信息权利,内容比较少,适当可以作为文化遗产考虑,如车牌文化、营业执照文化、网游设备文化。当然,广义上,政府许可权利也是一种商业标记,网游装备文化属于游戏文化,属于文体文化。

(二)物质文化的类型

物质文化可以进行分类,大的分类原则是对象文化(物)、主体文化(人、组织、产业)、维度文化(时期与区域)、行为文化与事件文化。每一个大类可以分为抽象与具体的两个小类。考虑到第二世界心理世界不是文化,所以,文化不考虑心理世界,但是,如果是社会的分类需要考虑心理。下面提出具体分类如下。

(1)物的文化。物的文化就是物的要素体现的文化,这个物的文化可以是抽象物的类型,如水稻文化、汽车文化等,这里面文化产业大有文章可做。物的文化也可以是具体的一个物的文化,如某个物质遗产,如长江、黄河、黄山、泰山等。

(2)人的文化。人的文化与物质文化一样,可以分为两个部分,一个是具体的,一个是抽象的。具体的人的文化是古今中外名人的文化。一般是正面人物的文化,有一定负面性的人物也会成为文化被继承。甚至是虚构人物也是名人文化的一部分,如神话小说中的著名人物。抽象的人的文化是人群文化,根据不同特点的群体划分,如民族、职业、年龄等。

(3)组织文化。组织文化是不同类型组织的文化,组织主要分为企业、非营利组织与政府、家庭家族。组织文化也包括抽象的组织与具体的组织。抽象的组织是一个类型的组织文化,如大学文化、企业文化等。具体的组织文化是具体一个大学、企业或者家族的文化,如清华、北大的文化。抽象的组织文化最重要的一个是产业文化。产业文化是不同产业的文化。这里不区分出学科文化,学科文化不仅包含在非物质文化类型中,也包含在这些亚文化类型中。一般产业可以不断细分下去讨论,产业也可以合并为一个大类进行讨论,如科技产业、制造业、服务业等。

(4)时间文化。时间文化是时间维度或者历史维度的文化,就是不同历史阶段的文化。时间可以根据自然或者社会的变化来区分不同尺度。时间文化可以区分出抽象的时间文化与具体的时间文化。抽象的时间文化是反复出现的期间或者时点,这个可能与某些文化有交叉,如节日、事件等。具体的时间文化是具体的一次时间文化,一般是期间。

(5)空间文化。空间文化是地理空间或者说区域维度的文化,就是不同地理位置的文化。区域可以根据自然、社会、行政区划的变化来区分不同尺度。空间文化可以区分出抽象的空间文化与具体的空间文化。抽象的空间文化是反复出现的空间类型,如平原文化、交通枢纽文化等。具体的空间文化是具体的空间文化,如云南文化、杭州文化等。

(6)行为文化。群体或者组织都有行为,包括消费行为(包括娱乐行为)、投资行为、政治生活行为、学习行为、工作行为、必要生活行为、社交行为、合法与违法行为等。借鉴法律行为的概念,行为一般是当事人的主动作为或者不作为的客观事实(注意:不作为也是一种行为,如不投降的文化等)。个人的行为一般属于人的文化。行为分为抽象的行为与具体的行为,抽象的行为是反复出现的事件,如战争文化、奥运会文化等,具体的事件是某一次具体的事件,如二战文化、北京奥运文化等。

(7)事件文化。不同于法律事件分为社会事件与自然事件,此处的事件,一般是不以当事人的意志为转移的客观事实,主要是自然事件。自然事件有自然气象、自然灾害、出生、死亡等。事件也需要区分为抽象的事件与具体的事件。抽象的事件是反复出现的事件,形成了现象,如雨雪文化、地震文化等,具体的事件是某一次具体的事件,如印尼海啸文化、唐山地震文化等。有些事件属于文化,因为重大事件会带动一些人群、组织的行为,形成文化。

(三)产业文化

产业文化就是要将这些广义文化装进自己的产业,以提高自己的附加值。广义文化不仅包括遗产文化,还有非遗产文化(不是非物质遗产)。非遗产文化就是当代社会的物质产出与精神产出,其中有价值的产出将来会受到保护转化为遗产文化。

每一个产业都可以通过跨界与混搭来融入文化要素,特别是通过物质文化与非物质文化的细化,可以挖掘很多可以提取的因素,就是提高无形资产在行业中的比例。这里的产业文化不同于组织文化里面提到的产业的文化。限于篇幅,不一一展开分析产业文化如何运作。

四、趋势总结

最后总结文化产业与产业文化的趋势如下。

(1)文化产业的边界与类型会随着社会的发展发生变化。将来的趋势是,一切产业都是娱乐业,一切产业都是媒体业,一切产业都可能是文化产业。特别是餐饮、住宿、交通、购物等行业,会挖掘很多娱乐因素在里面。当一个行业的娱乐性占的比例较大情况下,这个行业很可能通过分离出娱乐业务而纳入文化产业,如果娱乐性占的比例更大,那么这个行业有可能会完全统计纳入文化产业。

以餐饮住宿与购物为例,随着社会的发展,这几个项目几乎全部转化为体验型经济,与其他娱乐活动结合在一起,很可能会被理解为娱乐业。特别是餐饮,可以理解为烹饪艺术,也是广义艺术的一个门类。像其他居民生活的行业,如美容理发、养生按摩也会转化为娱乐业,而不是现在的居民服务业。再如,交通业是克服人与物的距离,是一个交易成本的行业,但是,将来人流交通业的发展,完全可以发展出体验经济,在交通的旅途中,开展娱乐活动,如社交晚会、火车音乐节等[1]。甚至将来农业、制造业也会发展出很多娱乐体验的参

[1]笔者参与的一个企业美库原创最近在呼伦贝尔举办了国际游牧音乐节,在前往呼伦贝尔的火车专列上,举办了火车音乐节,开展了社交活动,效果非常好,这为交通运输业转型带了一个好头。

与业务，以适应社会全部产业娱乐化的趋势。

同样，媒体业也会渗透到各个行业，所有的行业都是媒体也是趋势，特别是电商平台媒体化，媒体平台也会电商化。这里不具体展开，分析思路类似于娱乐业的发展趋势。

（2）上述篇幅其实是涉及了大量关于产业分类的问题，产业分类是基础问题，不仅是宏观经济管理的基础，还是微观经济管理的基础。同时，产业分类需要结合宏观政府行政管理，还需要结合其他分类体系，比如国家职业分类体系、国家商标分类体系，国家企业注册类型体系、国家用地分类体系等。事实上，这些分类体系需要统筹规划，一起协调起来。

参考文献：

[1]马格丽特·布莱尔，史蒂文·沃曼.无形财富：来自布鲁金斯无形资产研究特别工作组的报告[R]. 王志台，谢诗蕾，陈春华，译. 北京：中国劳动社会保障出版社，2004.

[2]范周，齐骥，杨剑飞. 论“十二五”时期文化产业的发展路径[J]. 山东社会科学，2010(8).

[3]李波，王谦，汪寿阳等. 中外文化产业分类体系比较研究[J]. 管理评论，2010(3).

[4]李蕾蕾，张晗，卢嘉杰等. 旅游表演的文化产业生产模式：深圳华侨城主题公园个案研究[J]. 旅游科学，2005(6).

[5]林四春，何小锋. 资产的边界：以权利概念为基础[J]. 财会通讯，2013(13).

[6]林四春，何小锋. 资产的类型：以两分方法为基础[J]. 财会通讯，2013(25).

[7]王莲峰. 商业标识立法体系化研究[M]. 北京：北京大学出版社，2009.

[8]王志标. 文化产业关联效应分析[J]. 统计与决策，2009(20).

[9]余晓泓. 美国文化产业投融资机制及启示[J]. 改革与战略，2008(12).

生态文明的区域经济协调发展战略:背景、内涵与政策走向

张可云[1]
(中国人民大学区域与城市经济研究所　北京　100872)

摘要:本文讨论了对中国区域战略演变阶段的不同看法,并依据区域发展环境的变迁提出了六阶段中国区域战略演变划分。目前的区域战略为生态文明的区域经济协调发展战略,这一战略的本质是经济效率、社会公平、生态平衡、政治联合和文化融合五个要求的统一。实现这一战略目标的具体战略有两个,即区域发展总体战略与主体功能区战略。未来的区域政策走向是,围绕完善问题区域政策、完善主体功能区政策以及两者之间的协调而开展政策设计。调整环境规制分权结构、明确生态补偿机制以及合理规划工业区域布局是近期需要重点着手进行的任务。解决这三个方面的管理与政策问题,需要以完善区域管理制度基础为基本前提。

关键词:生态文明的区域经济协调发展战略;区域战略演变过程;区域发展总体战略;主体功能区战略;区域管理制度基础;政策走向

区域经济协调发展与生态文明建设都是经济社会发展到一定阶段后提出的新要求。同时,这两者又是相互影响、相互支持的,互为必要条件。也就是

[1]作者简介:张可云,中国人民大学区域与城市经济研究所教授,国家规划专家委员会委员,北京市行政区划与区域发展研究会会长。

说,实现真正的区域经济协调发展,必须以生态文明为基础;同时,实现生态文明,又必然要求区域经济协调发展。然而,区域战略并不是一开始就认识到了这两者之间的依存关系。将生态文明纳入区域经济协调发展的视野,是区域战略演变到一定阶段后的产物,而且对于生态文明到底赋予了区域协调发展哪些新的内涵,目前尚未形成共识,因而导致实现区域战略目标的政策不系统、不完善。

本文分五部分。第一部分介绍对中国区域战略演变过程的不同认识;第二部分回顾中国区域战略的演变过程,分析生态文明取向的区域经济协调发展战略的背景;第三部分讨论生态文明的区域经济协调发展战略的内涵;第四部分研究实现生态文明的区域经济协调发展战略目标的政策走向;第五部分是全文的总结。

一、对中国区域战略演变过程的不同认识

美国经济学家赫希曼在《经济发展战略》一书中首次系统讨论了“发展战略”(development strategy)一词。赫希曼在该书中提出循环螺旋式上升这一经济发展过程的特性,并认为这是分析与制定战略的基础,“因为发展不仅需要找出现有资源与生产要素最佳组合,为了发展的目的,还必须发挥和利用那些潜在的、分散的即利用不当的资源和能力”(艾伯特·赫希曼,1991)。可见,发展战略是面向未来、全局性与根本性的构想或蓝图。在中国,较早研究区域发展战略的是于光远,他在《经济社会发展战略》一书中提出了区域发展战略研究应包括定义、解决的问题与制定依据等(于光远,1984)。实际上,任何一个经济主体都会有或明或暗的发展战略。中国区域发展战略经历过多次演变,但真正注重区域经济发展战略研究始于改革开放之后。

区域经济发展战略,亦简称为区域发展战略或区域战略。20世纪80年代以来,中国学者对区域战略的内涵进行过广泛讨论。虽然学者们对这个概念内涵的表述不尽一致,但对其长远性与全局性蓝图的性质不存在异议。“所谓区域战略,是国家为实现其宏观目标而确定的经济、人口、环境等如何在空间上组织的明确计划,或者说是一个重点空间蓝图性谋划”(张可云,2005)。著

名学者方创琳(2002)认为,"区域发展战略就是根据区域发展条件、进一步发展要求和发展目标所做的高层次、全局性的宏观谋划。其核心内容是根据区域现实发展条件,进一步发展面临的机遇与挑战,提出在一定时期的战略目标和为实现战略目标而制定出的战略指导思想、方针、重点、步骤及对策等,它融经济、科技、社会、人口、资源、环境发展于一炉,高瞻远瞩,运筹帷幄,把握全局,成为一门高层次、高品位的决策科学"。还有许多学者对这一概念进行了界定,如陶良虎认为,"所谓区域经济发展战略,就是对特定区域未来经济发展的全局性长远谋划。它根据不同地区生产要素条件的分布情况和该地区在国家经济体系中的地位和作用,对地区未来发展的目标、方向和总体思路进行谋划,以达到指导地区经济发展、促进地区经济腾飞的作用。区域经济发展战略主要包括经济发展的战略方针、战略目标、战略步骤、战略重点、战略布局和战略措施等核心内容"(陶良虎,2009)。

应该注意的是,区域发展战略有层次之分,除国家层次的区域发展战略外,单个区域或地方政府也会制定相应的发展战略。一般所指的区域战略是指国家层次的,而非单个区域或地方政府层次的发展战略。

对新中国成立以来的区域发展战略演变过程,存在多种不同认识。有二分法、三分法与多分法等。

早期区域经济研究将中国区域战略的演变分为两个阶段,即改革开放前的均衡发展战略与改革开放以来的非均衡发展战略。20世纪90年代以前研究中国区域发展战略的成果绝大部分采用这种划分法。这种二分法的划分依据是区域战略的目标,而非具体的空间谋划,因而显得过于粗糙。

三分法大部分是在二分法基础上的拓展,而且划分的阶段基本一致。

著名学者陆大道曾经将中国区域发展战略分为三个阶段:1949—1978年、1979—1991年与1992年以后。1949—1978年过度强调生产力的平衡布局和缩小地区差别,主张国家投资布局应以落后地区为重点,有时甚至在资源分配和政策投入上采取撒胡椒面式的地区平均主义做法;1979—1991年政策东移、沿海对外开放、国家扶贫开发、民族政策,地区差距不断扩大,中西部农村扶贫问题任重道远,老工业基地经济增长持续不景气,地区矛盾和贸易摩擦不断加剧；1992年以后全方位的对外开放政策、调整国家投资和产业布局政策、进一步完善国家扶贫政策、西部大开发战略，中西部地区投资增长明显加快，地区与区域发展差距仍在继续扩大（陆大道，2003）。

与陆大道的划分法类似的阶段划分还有不少。例如，聂华林等（2006）认为，中国区域发展战略分为“区域经济均衡发展战略、区域经济非均衡发展战略和区域经济非均衡协调发展战略。”陈颖琼与陈玉菁（2010）将中国区域战略分为三个阶段：1949至1978年中国区域平衡发展战略、1978年至90年代初中国区域非均衡发展战略以及1995年后的新时期国家发展战略构想促进区域协调发展。肖春梅等（2010）认为，“从1949到2009年，中国的区域经济格局经历了三次大的战略性经济格局调整：第一次经济格局调整始于‘一五’时期和随后开始的三线建设；第二次则是源于改革开放后的向沿海倾斜的发展战略；而目前的区域协调发展战略，则为我们提供了第三次区域经济格局调整的契机。”

四阶段划分法也是在二分法基础上的拓展。将均衡（或平衡）与非均衡（或非平衡）进一步细分。例如，廖丹清（1995）将新中国成立后中国的区域经济发展战略分为四个阶段：第一个阶段，50年代实施的区域经济平衡发展战略；第二阶段，60年代实施的向最不发达地区倾斜的区域经济反不平衡发展战略；第三阶段，80年代以后，实行向沿海发达地区倾斜的区域经济不平衡发展战略；第四阶段，90年代继续实施区域经济不平衡发展战略，并准备向区域综合发展战略转变。孙峰华和刘宝琛（2005）划分的四阶段为：区域经济均衡发展阶段（1950—1977年）、以经济效率为重心的区域经济非均衡发展阶段（1978—1990年）、注重效率兼顾公平的区域协调发展阶段（1991—1999年）与以注重公平为重心的区域经济发展阶段（2000年至今）。

五阶段划分注重区域发展战略背景的变化，作者将新中国成立到21世纪初的区域战略的演变分为五阶段：第一阶段：内地建设战略阶段（1949—1964年）、第二阶段：三线建设战略阶段（1965—1972年）、第三阶段：战略调整阶段（1979—1878年）、第四阶段：沿海发展战略阶段（1979—1991年）与第五阶段：协调发展战略阶段（1992年至今）（张可云，2005）。

总之，在区域经济学界，虽然对区域战略的本质不存在大的争议，但对区域战略的实践存在多种不同看法。对区域发展战略阶段变化的划分不同,主要原因在于选择的标准存在差异。我们认为,中国区域战略演变过程的划分应该依据区域发展环境的变化。因此,下面将在五阶段划分的基础上结合区域发展环境的变迁作进一步拓展,以将生态文明纳入区域发展战略视野。

二、区域战略演变过程与背景分析

20世纪中叶以来,中国的区域战略随着发展形势的变化不断调整,在不同经济发展时期,区域战略重点有所不同。从区域发展背景角度分析,迄今为止的中国区域战略变化明显地分为六个阶段(图1)。

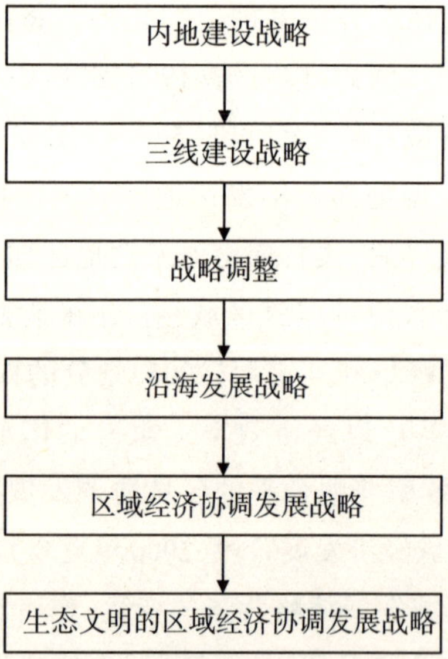

图1　中国区域战略演变过程

第一阶段:内地建设战略阶段(1949—1964年)

第一阶段从三年经济恢复时期(1949—1952年)到经济调整时期(1963~

1965年)结束之前。之所以将区域发展的重点放在内地,主要是由于当时中国的经济活动与人口分布极不均衡。为了改变畸形的区域分布,中国在新中国成立初期将内地建设作为区域战略的重点,期望通过有目的地布局工业来平衡全国的生产力布局,协调沿海与内地的关系。

第二阶段:三线建设战略阶段(1965—1972年)

"三五"(1966—1970年)时期与"四五"(1971—1975年)前期,中国的经济建设重点进行了"战略转移",即集中力量于大规模的"三线建设",生产力布局跳跃式西移。这种战略转移的基本背景是国际环境的恶化和备战成为第一要务,新中国成立初期中国同美国关系恶化,进入20世纪60年代后中国同前苏联关系破裂。根据《第四个五年国民经济纲要》的规定,"三线地区"包括四川、贵州、云南、陕西、甘肃、青海,以及河南、湖北和湖南三省的西部、广东的北部、广西的西北部和山西与河北的西部。1965年8月召开的全国计划会议确定:按照"把国防建设放在第一位,加快三线建设,逐步改变工业布局"的方针,确定国家投资重点是处于内地的"大三线"地区,而每个省区建设重点又都要放在各自的小三线地区。所谓小三线地区,即省级行政区的战略后方。

第三阶段:战略调整阶段(1973—1978年)

1973—1978年,中国的区域战略进行了大规模调整。在这一个阶段,中国所处的国际环境发生了较大变化。1971年10月,中国恢复了在联合国的席位,1972年尼克松访华,中美关系开始走向正常化,中国对外关系进一步改善,国际形势开始趋于缓和。在这种情况下,工业区域布局以国防安全为首要原则已不合时宜。另外,三线建设中的失误与困难充分暴露。三线建设投入的力量过多,对整个国家经济发展产生了不利的影响。同时,"文化大革命"使整个国民经济处在崩溃的边缘。在这种情况下,国家的建设必须考虑经济效益,工业布局只有遵循经济原则,促进经济发展,改善人民生活,才能促进社会稳定和发展。

第四阶段:沿海发展战略阶段(1979—1991年)

沿海发展战略是"沿海地区经济发展战略"的简称。改革开放前的三十年,中国长期封闭,社会经济发展水平低下。为了改变贫穷面貌,中央政府作出了改革开放的决策。由于长期与外界缺乏交往,开放初期不得不选择条件相对较好的沿海地区率先开放。沿海发展战略要求充分利用沿海地区的优势,面向国际市场,参与国际交换和国际竞争,大力发展开放型经济。

第五阶段:区域经济协调发展战略阶段(1992—2006年)

1992年,中国确定了建立社会主义市场经济体制的改革目标模式,中央政府开始重视区域协调发展。

“八五”(1991—1995年)时期,在继续考虑沿海发展需要的同时,较多的项目安排在中西部地区,在国家预算投资中,中西部地区所占比例明显高于东部沿海地区。

1995年9月通过的《中共中央关于制定国民经济和社会发展“九五”计划和2010年远景目标的建议》明确提出了“坚持区域经济协调发展,逐步缩小地区发展差距”。之后的五年计划或规划都突出强调了区域协调发展。1999年实施的西部大开发战略与2002年实施的东北地区等老工业基地振兴战略都是区域协调发展战略的子战略。

2003年10月,十六届三中全会通过了《中共中央关于完善社会主义市场经济体制若干问题的决定》(以下简称《决定》)。“决定”提出了坚持以人为本,树立全面、协调、可持续的科学发展观,并提出了“五个统筹”,即统筹城乡发展、统筹区域发展、统筹经济社会发展、统筹人与自然和谐发展、统筹国内发展和对外开放。同时,《决定》还要求,加强对区域发展的协调和指导,积极推进西部大开发,有效发挥中部地区综合优势,支持中西部地区加快改革发展,振兴东北地区等老工业基地,鼓励东部有条件的地区率先基本实现现代化。这标志着区域协调发展战略的成熟,主要体现在从统筹兼顾的高度而不单纯是从西部开发的角度提出了全面重视各类区域问题,包括西部地区的落后、东北老工业基地的衰退和中部的相对滞后问题。

第六阶段:生态文明的区域经济协调发展战略阶段(2007年至今)

2007年“十七大”首次提出生态文明概念,这标志着区域经济协调发展具有了新的内涵。将生态文明与协调发展结合起来是中国社会经济发展到一定阶段的必然产物,其既强调区域之间的协调均衡,更强调人与自然和谐发展。

实际上，2003年提出的科学发展观已经提出了生态文明要求，只是没有明确表述而已。2003年提出的科学发展观与2005年提出的主体功能区规划，为2007年明确提出生态文明取向打下了基础。

明确生态文明的区域协调发展战略有如下基本背景：区域问题增多、区域矛盾与冲突复杂化、人地关系紧张与国家整体实力增强。

——区域问题增多。

区域问题增多是一个国家现代化过程中必然会遇到的。目前，四大战略区域都存在明显的区域病。特别是东部地区由于膨胀而导致的问题更为突出。

——区域矛盾与冲突复杂化。

区域矛盾与冲突是长期存在的问题。在改革开放30多年的时间内，中国区域经济冲突已经完成了3个轮回：第一轮爆发于20世纪80年代，第二轮发生于20世纪90年代，第三轮出现在21世纪前10年。在一轮完结后，这种无休无止的争斗又重新开启，每一轮的线索都是：重复建设→原料大战→市场封锁→价格大战。几乎每隔10年左右完全再现一次这一过程。这种轮回循环不仅使参与者得不偿失，还诱发或加剧了几乎所有的社会经济问题，因而妨碍了整个中华民族的进步。目前，区域冲突已经进入第4轮（张可云，2011）。

——人地关系紧张。

人地关系紧张主要表现在资源消耗剧增且浪费严重、环境污染。有关这方面问题的研究成果特别多，这里不赘述。

——国家整体实力增强。

中国经济强劲增长，为追求“又好又快”发展奠定了基础。2006年，中国的人均GDP超过2000美元，全国财政总收入达到39373.2亿元，初步具备了全面管理区域开发的经济实力。经济体制的不断完善与经济实力的不断增强，是“十一五”提出主体功能区规划与“十七大”提出生态文明要求的现实基础。

实际上，区域问题增多、区域矛盾与冲突复杂化、人地关系紧张等问题并不是最近才出现的，那么，为何“十一五”期间才提出生态文明呢？这是同中国发展的体制与阶段性特点有关的。一方面,“十一五”前,中国的市场经济体制尚不完善,全面调控区域发展的体制环境不成熟;另一方面,虽然改革开放以来中国的经济实力在不断增强,但在“十一五”前中国还不具备在全国范围内改善与修复自然生态环境、控制国土开发强度、调整人口空间分布的经济基础。应该说,将生态文明与区域协调发展结合起来,既是现阶段发展的需要,又是经济总体扩张到一定阶段后的理智选择。

三、生态文明的区域经济协调发展战略的内涵

中国学者对生态文明的内涵的探讨始于20世纪80年代中期,早于西方国家提出的生态文明建设。[1]在最近发表的一篇文章中,作者提出了生态文明赋予区域协调发展战略的新内涵:生态文明取向的区域经济协调发展的实质可以概括为科学发展观和生态文明建设在区域发展方面的根本要求,即经济效率、社会公平、生态平衡、政治联合和文化融合“五位一体”的发展要求。其中,提高经济效率主要体现区域经济发展目标的要求,是区域经济协调发展的前提,实现社会公平、政治联合、文化融合和生态平衡主要体现区际关系协调目标的要求,是区域经济协调发展的基础。区域经济协调发展的“经济效率”、“社会公平”和“生态平衡”要求是其硬性约束,而“政治联合”和“文化融合”要求是其软性约束,人们一般重视硬约束,而忽视软约束,这和政治联合与文化融合较难把握也有关系(张可云,2012)。

在上述五个方面的要求中,生态平衡和经济效率的关系涉及产业转移、产业布局与区际资源环境承载力差异之间的矛盾,生态平衡和社会公平的关系则主要体现在生态补偿问题方面,生态平衡和政治联合的关系不仅反映区域公共管理在环境保护上面临的挑战,而且还可以引申出政府环境规制分权结构等问题,生态平衡与文化融合的关系事关处于不同发展阶段的地区对生态文明建设和区域经济协调发展的观念和态度问题,特别是对区

[1] 20世纪80年代中期,叶谦吉就使用了“生态文明”概念,并呼吁生态文明建设,强调“人与自然和谐相处、社会与自然和谐发展”的生态文明核心理念。1995年,美国著名作家、评论家罗伊·莫里森在《生态民主》一书中,才首次明确使用了“生态文明”(ecological civilization)概念。

域合作和涉及区际关系的政府环境规制分权结构、生态补偿机制、产业转移的“污染天堂”效应等生态问题的认识。所以，要想兼顾生态平衡和经济效率、社会公平等其他要求，则必须改变传统工业文明理念下政府生态职能从属于经济和社会发展职能的现状，依靠制度创新、管理创新和技术创新，逐步解决政府层级治理结构不合理、产业转移过程中的“污染天堂”效应，以及生态补偿机制缺失问题。这三个方面的问题作者将在政策走向部分详细讨论。

从决策的角度分析，生态文明的区域经济协调发展战略可以理解为两部分的组合，即区域发展总体战略与主体功能区战略。[1]其中，区域发展总体战略的雏形是2003年中共十六届三中全会首次提出的，这次会议的决议提出，“加强对区域发展的协调和指导，积极推进西部大开发，有效发挥中部地区综合优势，支持中西部地区加快改革发展，振兴东北地区等老工业基地，鼓励东部有条件地区率先基本实现现代化”[2]。2004年，温家宝总理的《政府工作报告》明确阐述了区域发展总体战略的基本内容，即“要坚持推进西部大开发，振兴东北地区等老工业基地，促进中部地区崛起，鼓励东部地区加快发展”[3]。这就是通常所说的“西部开发、东北振兴、中部崛起、东部率先”这十六个字的全面表述。主体功能区规划是由2005年的《“十一五”规划建议》与2006年的《“十一五”规划纲要》首次提出的，2010年的《“十二五”规划建议》与2011年的《“十二五”规划纲要》将主体功能区上升为区域战略，2010年底《全国主体功能区规划》公布。从理论上说，区域规划与区域战略是不同层次的概念，区域战略是蓝图性谋划，而区域规划是实现区域战略目标的手段（张可云，2005）。由此可见，将主体功能区规划上升为主体功能区战略在理论上存在一定的矛盾。实际上，所谓的主体功能区规划，本质上是一种区域划分，其还没有也不可能细化到一般的区域规划所要求的程度。区域划分是区域管理的基础，既是区域战略的基本内容，也是区域规划与区域政策的基本依

---

[1] 区域发展总体战略与主体功能区战略的详细内容参见《中华人民共和国国民经济和社会发展第十二个五年规划纲要》。

[2] 参见《中共中央关于完善社会主义市场经济体制若干问题的决定》（2003年10月14日中国共产党第十六届中央委员会第三次全体会议通过）。

[3] 参见温家宝：《政府工作报告——2004年3月5日在第十届全国人民代表大会第二次会议上》。

据。因此,严格地说,主体功能区规划应该称为主体功能区区划,如果这样理解,将主体功能区提升到战略高度就不存在理论上的矛盾了。2007年出台的《国务院关于编制全国主体功能区规划的意见》提出,“全国主体功能区规划是战略性、基础性、约束性的规划,是国民经济和社会发展总体规划、人口规划、区域规划、城市规划、土地利用规划、环境保护规划、生态建设规划、流域综合规划、水资源综合规划、海洋功能区划、海域使用规划、粮食生产规划、交通规划、防灾减灾规划等在空间开发和布局的基本依据。”这实际上已经阐明了主体功能区的战略性。《“十一五”规划纲要》只是将主体功能区规划作为实现区域发展总体战略的手段之一,而《“十二五”规划建议》与《“十二五”规划纲要》将主体功能区提升到与区域发展总体战略并列的地位,这表明对主体功能区的战略意义有了更深刻的认识(张可云,2011)。其主要内容可用图2概括。

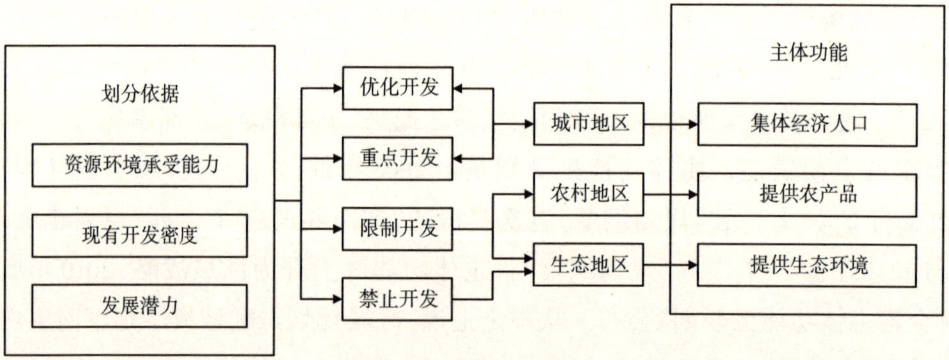

图2 主体功能区战略

综上所述,可以将生态文明的区域经济协调发展战略的内涵概括为:在人与自然和谐发展的基础上,既促进西部开发、东北振兴、中部崛起与东部率先,又形成主体功能清晰的区域发展格局。这一内涵可用图3表示。

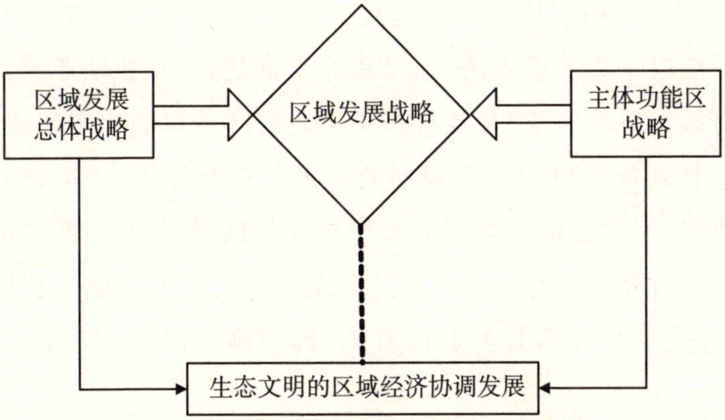

图3 生态文明的区域经济协调发展战略的内涵

四、实现生态文明的区域经济协调发展战略目标的政策走向

实现生态文明的区域经济协调发展战略目标，需要完善区域管理制度基础，特别是需要完善的区域政策的支持。应该说，虽然区域战略已经明确，但是，由于中国区域管理的制度基础一直不完善，中国的区域政策迄今为止还十分不完善。

早在21世纪初期，作者就指出过中国区域管理制度基础存在的突出缺陷（张可云，2001），后来作者将这些缺陷概括成四个方面的问题，即“谁管”“管谁”“咋管”与“管效”均不完善（张可云，2010）。“谁管”主要是指职能机构的设置问题。国务院有20多个部委，其中涉及到规划职能的主要有发改委、住建部、国土资源部、民政部、农业部等，管理的部门多，职能交叉重叠，没有一个职能明确的区域管理部门。“管谁”涉及的是管理对象问题。中国的战略区域，即四大板块是明确的，但规划与政策作用对象并不明确。例如，国务院出台了《东北地区老工业基地振兴规划》，但并没有明确东北地区哪些城市是老工业基地，东北地区不可能全部是老工业基地。“咋管”涉及两个问题,即管理工具与管理程序。工具就是规划与政策,一个有可操作性的规划需要政策的支持。无论是规划还是政策,还必须有一个合理的程序。改革开放以来立了很多法,但是程序不清楚,结果执法不严的问题不断出现。"上有政策下有对策"导致许多中央政府政策不能落实到地方。"管效"就是通过监督和评价机制考察规划的效果。迄今为止,中央政府制定了许多规划与政策,但没有确定合理的监督与评价机制,规划与政策的实施效果几乎从来没有评价过。因此,要真正实现生态文明的区域经济协调发展战略目标,必须完善区域管理的制度基础,即明确"谁管"、"管谁"、"咋管"与"管效"。

在逐步完善区域管理的制度基础的同时,未来的区域政策应该从三个方面着力:明确问题区域政策;细化主体功能区政策;问题区域政策与主体功能区政策之间的协调。

明确问题区域政策,首先,必须明确问题区域的界线,即确定落后区域、萧条区域与膨胀区域的范围;其次,针对不同类型的问题区域制定明确的政策工具;再次,要针对问题区域框架制定定期调整机制。

细化主体功能区政策,关键在于将《全国主体功能区规划》提出的财政政策、投资政策、产业政策、土地政策、农业政策、人口政策、民族政策、环境政策与应对气候变化政策落实到具体地区。《全国主体功能区规划》只提出了"形成经济社会发展符合各区域主体功能定位的导向机制"的基本方向,并未落实到具体空间。

这里协调好问题区域政策与主体功能区政策,需要从三个方面着手:强调组织协调的环境规制分权结构、强调利益协调的生态补偿机制以及强调产业协调的工业区域布局。这三个方面是实现生态文明的区域协调发展的路径,其中组织协调是前提,利益协调是保障,产业协调是基础。

——环境规制分权结构

中国目前的环境管理机制具有很强的属地特征,以现行行政区划为环境管理单元,环境管理的行政职能划分是:操作由地方政府负责,国务院环境保护部主要负责协调监督。环境问题具有很强的区域性,某一行政区划单位境内的空气污染、水污染、辐射污染和一定程度上的土地污染都可能超越行政区划的边界，影响到其他行政区划单位。区域间的环境行为相互影响，而环境质量的改善又具有比较明显的公共产品性质，有很强的溢出效应，如果相关管理制度安排和政策手段不能有效体现这类溢出效应，则一方面导致地方政府在追求局部利益目标下的区域不可持续发展，另一方面，无法对有效的环境管理行为提供持续性的激励，影响环境改善行为的不断改进。环境保护行为存在的正外部性和污染的负外部性无法体现在相关制度和政策安排中，造成政策缺乏效率，有可能使得环境绩效差的政府搭便车，管理力度强的地方效果不能最优，从而挫伤一些地方政府保护环境的积极性，减少环保资金的投入（万微等，2010）。在工业文明背景下，政府环境规制或管理职能主要停留在减少污染排放等技术性的生态修补层面以及处理地方化的环境问题，并且往往从属于经济、社会发展职能。中国特色的生态文明应该将生态文明与社会主义物质文明、精神文明和政治文明一并列为和谐社会建设的重要内容和任务，这意味着，在生态文明视角下，环境规制或管理职能与经济、社会发展职能同等重要。

政府职能结构的演变往往要求相应的政府治理结构的调整，显然，如何对工业文明的政府治理结构加以调整，以适应政府环境规制职能地位上升的需要，是目前亟待解决的问题。2007年的一项调查显示，60%左右的被访者对中央政府的环境工作满意，对地方政府的环境工作不满意（中国环境意识项目办，2008），这与经济分权和垂直的政治管理体制这一政府治理结构密切相关。出于经济增长和财政增收的需要，负责具体实施的地方政府倾向于放松环境规制，降低本地企业在环境保护方面的运行成本，并吸引本地之外的企业，从而形成所谓的地方政府环境规制“竞相到底（race to the bottom）”的现象。在中国的分权结构下，如果节能减排等环境问题游离考核体系之外，中国的环境规制则实质上处于完全分权状态。所以，当前的政府治理结构形成的激励机制导致地方政府对生态的忽视，缺乏必要的合作机制来解决跨界污染问题，进而恶化具有地理外溢效应的生态问题。在生态文明视野下的政府治理结构的调整，需要从以刺激经济经济增长为主、而包括环境问题在内的公共服务却相对滞后的中国式分权的基本治理结构出发,即需要在多级政府框架下考虑政府生态职能的实现。对于生态问题而言,大量环境问题具有明显的地理外溢效应,而这种外溢效应的地理边界并不与传统的行政区划所吻合,因此,政府生态职能的履行必然涉及中央和地方、地方和地方政府关系的协调。

——生态补偿机制

区域管理与合作有助于解决污染问题以及由于跨界污染引发的利益冲突和纠纷,在区域管理制度安排下,可以同时考虑合作与补偿,从而能够为各相关利益方提供切实的激励,有利于激励区域内环境保护行为的改进。流域生态环境保护问题实际上是流域内上下游生态环境服务供给者与生态服务需求者之间合理的利益关系问题,具有典型的跨行政区特性,是我国区域经济协调发展和生态文明建设中必须面对的重大问题。流域环境承载力极其脆弱,一旦水源被污染,便会威胁全流域尤其是承载着高密度人口和经济能量的下游地区,产生倍加的负外部性。因为倍加的外部性,水系上游需承担全流域生态屏障义务,即一方面要防止环境容量超载而威胁全流域尤其是高度集约化的下游地区(减少负外部效益),另一方面还要努力修复和保护上游生态环境以为全流域尤其是下游地区提供"环境服务"(增进外部正效益)。同时,流域经济具有极高的关联性,下游地区需要上游地区充当生态屏障,包括吸碳增氧、涵养水土和保护水源等,上游地区需要下游地区的经济"反哺",包括产业辐射、市场支撑和生态补偿等(代明等,2010)。

流域生态补偿是指为了达到流域水资源环境改善的目的,生态环境改善的供给方与生态环境改善的需求方进行等价交换的契约行为,是解决流域生态问题的重要手段。环境容量对流域经济的影响尤其是对上游经济发展的限制,随着近年来环境主义和可持续发展观的兴起而得到强化。流域上游地区群众生活水平一般较为贫困,在经济高速增长刺激下,上游地区为了缩小与发达地区的经济差距而想方设法谋求生产快速发展,忽视流域水资源环境的保护和治理。在产业选择、资源利用手段等方面对流域的生态环境(如畜牧养殖业、矿产业、化工业等污染产业的发展)施加不利影响。而生态平衡一旦被打破，就会出现严重的水土流失，生物多样性丧失，土壤理化性质改变和地下地表水资源遭受污染。最终形成破坏生态环境，影响人与自然和谐发展的局面。借助流域生态补偿可以协调生态环境保护与经济利益之间的分配关系，改善流域水资源环境，保障区域生态安全，促进人与自然和谐发展。可以加强区域政府沟通、协商机制，扩大区域政府间的交流与合作，增加上游居民收入，扩大上游就业机会，拉动上游落后地区共同发展。

——工业区域布局

污染问题与污染传输本身不受行政辖区界线的限制，大气污染、流域水污染、海洋环境污染、生物多样性等问题多为跨行政区划的环境问题，但这些跨界污染是指污染物物理意义上的跨界，而不包括由于资源消耗型产品的贸易、废弃物转移和污染型产业的转移造成的污染跨界转移。贸易可能会鼓励污染型产业从环保政策严的国家或地区转移到那些环保政策较为宽松的区域，而这些污染型产业在环保政策较为宽松的区域可能排放更多的污染。因此，落后地区在发展过程中必然面对这样的事实，即在自由贸易的情况下，具有严格环境规则的发达地区可能会专业化生产并出口“干净型”产品，并从环境规则较松的落后地区进口污染密集型产品，从而向落后地区转移污染产业（李小平和卢现祥，2010）。“污染天堂”假说在比较优势理论基础上加入污染问题进行分析，认为低收入地区的低环境标准成为比较优势，污染型行业必然会选择从环境规制强度大的区域转移到环境规制强度小的区域。这一假说成立的前提是环境规制强度是影响产业转移的唯一或最重要的因素。实际上，产业在考虑转移时，不仅会考虑到环境规制的影响，还需要考虑其他诸如劳动力成本、市场等多种因素，如果其他因素的影响都比较大，这时就只能说有“污染天堂”效应[1]，而不能说污染型行业就一定会从环境规制强度大的区域转移到环境规制强度小的区域。但是，因发展水平和环境标准差异，落后地区工业化过程中不可避免地要承接发达地区的产业转移及其带来的污染转移。

Robert Lucas 等在研究中发现，随着一个国家逐渐变得富裕，其单位国内生

[1] Copeland, Brian R and M.S.Taylor, Trade. Growth, and the Environment[J].Journal of Economic Literature, 2004(42): 7-71.

产总值所排放的污染将减少,这是伴随着该国产出构成变得环保而产生的。同时还发现污染密集型制造业比例增加最多的国家也是最贫穷的国家。因此他们一致认为经济合作发展组织(OECD)的成员国对污染密集型产业严格的监管导致了重大的区位转移,结果加快了发展中国家工业污染速度。假定政府是政治投机的,因贸易自由化污染性产品出口关税降低使得污染产业的专业部门利益受损,这时候政治投机的政府就可能会在贸易自由化发生之后通过弱化环境规制强度来补偿这些在贸易自由化当中利益受损的部门。而且,一旦贸易竞争对手选择了非最佳环境规制标准,福利最大化的政府就有可能通过战略性调整自身的环境规制标准,以谋求产业转移和出口贸易所带来的经济效益[1]。因此,随着发达国家环境规制强度的增强,污染密集型产业从发达国家向发展中国家转移的趋势将不可避免。目前,"污染天堂"假说和"污染天堂"效应的研究主要集中在国家层面,就一国内环境规制强度对工业布局影响的研究不多。另外,在国际产业转移的大背景下,中国是否成为外商投资的"污染天堂"问题受到越来越多国内学者的关注。

中国东部地区产业向中西部地区转移的过程中,通过产业转移,完成污染转移、能耗转移的可能性是始终存在的。虽然国内环境规制强度统一遵循国家标准,但中西部地区为了吸引更多的产业,在承接东部产业转移的过程中,环境规制强度上可能有所放松。在生态文明的视角下,产业优化布局除了要考虑到工业文明下强调的基于生产要素的比较优势原则、存在的聚集经济效应和缩小区域差距之外,还应该考虑生态环境保护的目标,并将之与经济、社会发展并重。中国主体功能区的划分已经注意到这一问题,但是,在当前的政府治理结构下,产业转移仍然以GDP增长为导向,如何在生态文明视角下确定工业区域优化布局的战略目标、动力机制、实现路径,仍然有待研究。

---

[1] Esty, Daniel C,Revitalizing Environmental Federalism[J]. Michigan Law Review,1996,95(3):570-653.

五、结论与讨论

在中国学术界,对区域战略的内涵有共识,但对其演变阶段存在不同看法。比较流行的区域战略划分有二分法、三分法等。作者认为,从区域发展环境的变迁的角度考察,中国的区域战略经过了六阶段演变,目前的区域战略为生态文明的区域经济协调发展战略。

生态文明的区域经济协调发展战略的本质是经济效率、社会公平、生态平衡、政治联合和文化融合“五个要求”的统一。从决策的角度理解,生态文明的区域经济协调发展战略的内涵概括可为:在人与自然和谐发展的基础上,既促进西部开发、东北振兴、中部崛起与东部率先,又形成主体功能清晰的区域发展格局。实现这一战略目标的具体战略有两个,即区域发展总体战略与主体功能区战略。

未来的区域政策重点是完善问题区域政策、完善主体功能区政策以及两者之间的协调。调整环境规制分权结构、明确生态补偿机制以及规划工业区域布局是近期需要重点着手进行的任务。解决这三个方面的管理与政策问题,需要以完善区域管理制度基础为基本前提。在中国经济总量不断提高的同时,中国面临日益增多的区域问题,区域管理创新与制度创新是解决这些问题的必然选择。由此可见,实现生态文明的区域经济协调发展战略目标任重而道远。这里只是提出了未来政策的走向,政策的具体设计需要专门的研究。

另外,中国是一个大国,随着中国的国际地位提高与国际影响力增强,必然会出现一个重要问题,即如何处理跨国生态环境问题?跨国生态环境问题既会影响国际关系,也会影响国内发展,是一个需要专门研究的重大问题。

参考文献:

[1]艾伯特·赫希曼. 经济发展战略[M]. 潘照东,曹征海,译. 北京:经济科学出版社,1991:5.

[2]于光远. 经济社会发展战略[M]. 北京:中国社会科学出版社,1984:254.

[3]张可云. 区域经济政策[M]. 北京:商务印书馆,2005:438-491.

[4]方创琳. 区域发展战略论[M]. 北京:科学出版社,2002:24.

[5]陶良虎. 中国区域经济[M]. 北京:研究出版社,2009:69-70.

[6]陆大道. 中国区域发展的理论与实践[M]. 北京:科学出版社,2003:109-129.

[7]聂华林,李泉,杨建国. 发展区域经济学通论[M]. 北京:中国社会科学出版社,2006:695-732.

[8]陈颖琼,陈玉菁. 中国区域经济发展战略变迁研究[J]. 中国城市经济,2010(12):58-60.

[9]肖春梅,孙久文,叶振宇. 中国区域经济发展战略的演变[J]. 学习与实践,2010(7):5-13.

[10]廖丹清. 区域不平衡性研究[J]. 经济学家,1995(4):34-44.

[11]孙峰华,刘宝琛. 中国区域经济发展的杠杆原理与棋局战略[J]. 经济地理,2005(11):761-767.

[12]张可云. 警惕第四轮区域经济冲突[N]. 中华工商时报,2011-06-29(7).

[13]刘思华. 刘思华文集[M]. 湖北:湖北人民出版社,2009.

[14]张可云,易毅,张文彬. 生态文明取向的区域经济协调发展新内涵[J]. 广东行政学院学报,2012(2):77-81.

[15]张可云. 主体功能区规划:人与自然和谐的思考[N]. 中华工商时报,2011-06-011(7).

[16]张可云. 区域大战与区域经济关系[M]. 北京:民主与建设出版社,2001:516-519.

[17]张可云. 区域规划目前存在的问题与未来方向[J]. 中国经济报告,2010(5):107-107.

[18]万薇,张世秋,邹文博. 中国区域环境管理机制探讨[J]. 北京大学学报(自然科学版). 2010,46(3):449-456.

[19]中国环境意识项目办. 2007 年全国公众环境意识调查报告[J]. 世界环

境,2008(2):72-77.

[20]代明,丁宁,覃成林,陈向东.基于马克思级差地租理论的流域经济梯度差异分析[J].马克思主义研究,2010(12):65-74.

[21]李小平,卢现祥.国际贸易、污染产业转移和中国工业CO2排放[J].经济研究,2010(1):15-26.

Chapter03

实践探析

当前我国网络文艺生态及其建设路径分析

庹祖海[1] 刘胜枝[2]
(北京邮电大学 北京 100876)

摘要:随着当前科技与文艺的融合以及带来的文化产业的转型升级,网络文艺走向繁荣,网络空间成为文艺消费、创新和发展的主要平台,但是网络文艺生态在面临发展机遇的同时也面临着过分商业化、多元化带来的挑战,推进主流文艺与网络文艺的融合,加强网络文艺生态建设是非常迫切和必要的。

关键词:网络文艺生态;主流文化;市场化

文学艺术是上层建筑的重要组成部分,承担着传承民族文化命脉、塑造时代精神的使命。习近平总书记在2014年召开的文艺工作座谈会上发表的重要讲话表明了党和政府对文艺工作的高度重视,座谈会邀请了两位网络作家参会引发热议。2015年9月11日,中共中央政治局会议审议通过了《关于繁荣发展社会主义文艺的意见》,明确提出"网络是重中之重""要大力发展网络文艺",网络文艺再次成为人们关注的焦点,表明网络文艺正从边缘走向主流,其影响力开始得到普遍的关注和认可。随着网络的日益普及,一方面网络文艺以其鲜活的生命力和蓬勃的气势冲击着传统文艺的殿堂,另一方面传统文艺经由网络的传播也焕发出新的活力。可以说,网络空间已经越来越成为文艺发展的主要阵地。当前我国的文艺发展在网络的强力激发下面临着历史性的

---

[1]作者简介:庹祖海,中国动漫集团董事长总经理,北京邮电大学兼职教授,北京网络文化协会会长。

[2]作者简介:刘胜枝,北京邮电大学网络文化与传播教研中心主任,副教授,硕士生导师。

机遇和挑战，推进传统文艺与网络文艺的融合，加强网络文艺生态建设已经成为不可回避的时代使命。

一、网络文艺发展的现状与趋势

网络文艺既包括一些传统文艺样式在网络空间的衍生和发展，如网络文学、网络音乐、网络影视等，也包括一些诞生于网络空间的全新的文艺样式，如网络游戏、网络表情等。随着网络的普及，网络文艺以其海量的作品、经济便捷的使用、新颖的视听感受和开放互动，在短短的时间内就焕发出强大的生命力和影响力，重塑了文艺的版图，并开始改变文艺发展的方式和方向，引领着当前的文艺风尚和文化消费热潮。

首先，从网民数量及其网络使用行为来看，网络已经成为文艺消费的主要平台。中国互联网络信息中心（CNNIC）发布的第36次《中国互联网络发展状况统计报告》[1]显示，截至2015年6月底，中国网民规模达到6.68亿，而非网民人口则以初中以下低学历的农村人群为主，达到4亿多。可以说这些相对学历较高的网民是文艺消费的主要群体。这些网民人均周上网时长达25.6小时，每天上网近4个小时。而在网民的上网消费中，网络文艺消费则是重点内容。网络音乐使用率为72%，网民人数达4.8亿。网络视频使用率为69.1%，人数达4.6亿。网络游戏使用率为56.9%，人数为3.8亿。网络文学使用率为42.6%，人数为2.84亿。网络平台的便捷使其成为文艺消费的主要阵地。在网络平台上，一本人气网络小说的读者和粉丝往往在短时间内就会超过千万。例如，网络人气作家“天蚕土豆”一年时间就从默默无闻到一举成名，其创作的《斗破苍穹》堪称开宗立派，在起点中文网获得一亿四千多万的点击率，2014年创作的《大主宰》依然成为炙手可热的网络文学作品。另外，在影视方面，目前大部分高票房电影影院观影人次一般为1000万—2000万之间，但同样的电影在网络上的点击仅正版内容就普遍突破5000万以上。2015年根据仙侠小说改编的电视周播剧《花千骨》掀起一股网络收视热潮，不到3个月时间全网总播放量达到

[1] CNNIC发布第36次《中国互联网络发展状况统计报告》[EB/OL].(2015-07-22)[2016-01-20]. http://www.cnnic.net.cn/hlwfzyj/hlwxzbg/hlwtjbg/201507/t20150722_52624.htm.

150亿。随着网络文艺消费的上扬态势,其他传统文艺消费媒介的使用率则在日渐减少,电视收视人数衰减,纸质图书阅读量下滑,音乐唱片业更是一片悲鸣,可以说传统文艺消费市场面临挑战和转型。

其次,从网络文艺生产者的数量和结构来看,网络已经成为文艺创新的主要平台。传统文艺的作者往往是少数具有较高文化水平的知识分子群体,其创作经过出版社、报社、电台、电视台等权威渠道进行传播,而对多数人而言即使有一定的创作才能也往往是自娱自乐,其作品难以面世。而网络则是一个完全开放共享的平台,除了各类商业资本致力于网络文艺作品的主动生产外,为文艺作品提供传播平台的各类网站也应运而生,网民可以随时随地上传自己的作品。网络给了每个网民以平等发表自己作品的机会,可以说每个人都拥有了自己的出版社、电视台和舞台。于是,网络文艺的生产队伍在数量上变得不可估量,在结构上打破了传统精英为主的模式,广大的草根网民也能够充分发挥个体的智慧和才能而成为文艺明星,网络文艺无论在内容题材还是表现形式上都有着不同于传统文艺的特点,发展上则呈现出百花齐放的多元态势。以网络文学为例,创作者大多是年轻一代的草根作家,他们在网络平台上积累了大量人气。例如,草根作家"唐家三少"十年无缝连载,创造了连续86个月不断更新的吉尼斯世界纪录,成为原创网络文学的一面旗帜,连续蝉联中国作家富豪榜。2014被评为网络文学年度"最佳新锐作家"的网络电子竞技小说人气作家"乱"以《英雄联盟之谁与争锋》一举成名,总点击上千万,评论近15万条,连续高居QQ阅读月榜、周榜第一。[1]以网络视频为例,很多草根创作的节目异军突起,如《晓说》《奇葩说》《侣行》《大鹏嘚啵嘚》等视频节目,《屌丝男士》《灵魂摆渡》《暗黑者》《匆匆那年》《无心法师》等网络剧,获得了以青少年为中心的亿万网民的真实拥戴,其风头之劲已经远远超过了电视剧。

再次,从网络文艺的作品数量及其产业规模来看,网络已经成为文艺发展的主要平台。由于宽带网络、云存储、大数据等互联网技术的发展,网络空间的容纳力越来越突破了限制。海量的消费者、海量的创作者必然带来了海量的作品。例如,爱奇艺全站目前约有视频160余万条,涵盖20个频道,音乐内

[1] 2014网络文学"年度之最"[EB/OL].(2014-12-23)[2015-12-10]. http://www.chinawriter.com.cn/news/2014/2014-12-23/228729.html.

容约8万余条，包括华语、日语、韩语、欧美及其他语种，游戏视频4万余条，含网游、单机游戏、电视游戏等多个种类。再如，一款APP产品“内涵段子”目前所有作品约130万篇，其中短文章类作品50万篇，图片类作品80万篇。从以上列举的简单例子可以看出，网络文艺产品数量达到海量级别。另外，网络文艺的产业化进程波澜壮阔。2014年中国网络游戏市场整体销售收入为1062.1亿元，同比增长29.1%[1]。而以IP为核心的网络文学更成为产业的焦点，截至2014年年底，一共有114部网络小说被购买影视版权，有90部计划被拍成电视剧，24部被拍成电影。2015年热播电影《大圣归来》《煎饼侠》《滚蛋吧，肿瘤君》无一不带着网络文艺或互联网的基因。第五代导演领军人物陈凯歌的《搜索》、张艺谋的《山楂树之恋》都改编自“网络人气小说”，这也说明了网络文艺对主流文艺的倒逼和影响力。近年来，《步步惊心》《甄嬛传》《琅琊榜》《花千骨》《盗墓笔记》等热门网络小说相继被拍成电视剧。以《花千骨》为例，作为首部播出的网络小说改编的仙侠剧，运用互联网营销方式，千万级话题层出不穷，短短三个月时间仅搜狐视频点击率就高达21.3亿（截至2015年9月5日凌晨），更值得关注的是，其同名手游以及衍生品也取得了巨大的收益，带动了整个电视产业链。近两年来，互联网巨头百度、腾讯纷纷进入内容领域，打造以网络IP为核心的泛娱乐生态链、全面进军影视、动漫、游戏领域，网络文艺已经成为资本市场的宠儿。可以说，以网络基础设施和相关产业为支撑，我国数字文化产业初步形成了以网络游戏、网络动漫、数字出版、网络文学、网络视频、网络音乐等为主的产业发展格局，已经在文化产业乃至整个国民经济中占据了重要地位，成为我国新的经济增长点。

二、建设网络文艺生态面临的机遇与挑战

毋庸置疑，网络文艺阵地的蓬勃发展，为文艺带来无限机遇的同时，也带来了前所未有的挑战。我们必须认清这些机遇，面对这些挑战，建设良性健康的网络文艺生态，从而引领网络时代文艺的新发展。

[1] 文化部：2014年中国网络游戏市场年度报告[EB/OL].（2015-07-08）[2015-12-10]. http://games.qq.com/a/20150708/017513.htm.

(一)市场化推动了网络文艺生态的繁荣,但网络文艺作品的质量有待提升

改革开放以后,随着市场化的改革方针和路线,文艺领域也开始了市场化发展的进程。商业资本开始进入文艺市场,通过生产丰富多彩的文艺作品来满足大众的消费需求。国家统计局发布的最新数据显示,2013年我国文化产业增加值为21351亿元,占GDP的比值为3.63%,而美国的文化产业占到整个GDP的25%,日本达到20%。另外,数据显示,我国文化产业竞争力指数仅为美国的24%、英国的29%、日本的38%[1]。这些数据表明我国的文化产业发展还处于起步状态。在当前的网络文艺生态中,资本的力量起了主导性、决定性的作用。科技与文化的融合推动着文化产业的转型与升级,网络为文艺作品的生产、传播和消费提供了广阔、高效的平台,这是文艺发展的历史性机遇。但是在网络文艺生态中,产品的数量、产业规模和产品的质量以及生命力往往不成正比。事实上,文艺市场化的进程自始至终都伴随着精英文艺对文艺商品化、大众化的质疑。

德国的法兰克福学派把大众传媒时代资本主导下的文化生产看做文化工业,认为其和前资本主义时代注重思想和个性的精神生产方式不同,而是具有了大工业的批量复制和流水线式的生产特征,借助于先进的文化生产和传播手段,提供的则是没有个性和思想的、适合大众口味的、方便面式的产品和流行文化。当前,批评界对于网络文艺作品精神内涵的欠缺颇多微词,网络文艺生态总体上呈现出娱乐化甚至低俗化的倾向。在各类网络应用中,除了信息搜索和沟通外,娱乐是网民最喜欢的文化消费,网络游戏、网络音乐等应用率都超过了50%。

以网络文化产业中的支柱产业网络游戏为例,在十多年的时间内,国内的网络游戏市场迅速发展壮大,无论是游戏的数量还是市场规模都保持着高速增长。不少游戏在技术和画面上达到了国际一流水准,但是在文化内涵的提升上,在游戏类型和玩法的创新上却很逊色,网络游戏内容的深度和广度还远

---

[1] 新华网. 2013年我国文化及相关产业增加值超2万亿元[EB/OL]. (2015-01-24)[2015-12-12]. http://news.xinhuanet.com/culture/2015-01/24/c_127416009.htm.

远不能和其丰富的表现手段相匹配。当然,娱乐是大众文化消费的需求之一,但是正如习近平总书记所强调的那样,“文艺不能成为市场的奴隶”,一部好的文艺作品要在追求经济效益的同时更要注重社会效益,因此,如何在娱乐和文化内涵之间达到平衡是建设网络文艺生态需要重视的问题。

(二)网络文艺作品日益多元化,但也容易冲击主流文化,导致价值观的混乱无序

网络空间是开放、平等的,这给文艺发展提供了一个去中心化的、多元化的平台。一方面,网络推动了文艺的百花齐放、百家争鸣,另一方面这种多元化也在挑战着主流文化的优势地位。所谓主流文化是指一个社会、一个时代所倡导的起主要影响的文化,是在文化竞争中形成的能够在诸多文化中起到主导地位并具整合和引领作用的文化。主流文化是保证社会统治稳定和秩序安定的意识形态力量。我国的主流文化是以中国特色社会主义为核心的,以优秀的民族文化为精神来源,以培养有理想、有道德、有文化、有纪律的“四有”公民为己任的文化。

当前我们必须认识到,在网络文艺生态中,我国主流文化的地位受到严重挑战。在商业资本的推动下,消费主义文化正日益盛行,视频或图片里漂亮的模特、豪华的服装、名车、豪宅等,催生着拜金主义的价值观念,影响着民众的思想和行为。网络上流行的恶搞文化、屌丝文化、酷文化等各类青年亚文化一方面体现了青年们打破权威、消解神圣、彰显个性、追求平等和不满现实的创新精神和活力,但是在消解主流文化严肃性的同时常常也会带有缺乏理性和情绪化的倾向,在价值观念上有着肤浅、虚无、偏激和颓废的特征。

此外,网络空间中的黄色、暴力、迷信等低俗文化也较为严重,对主流文化的建立有着较强的破坏力,对网民尤其是青少年网民的价值观及其对社会的道德认知等都带来恶劣的影响,进而影响到其现实世界的行为。在文艺市场化的进程中,凝聚着中华民族优秀文化和精神的传统文艺作品却在网络空间日渐边缘化,这对民族文化的传承和主流文化的建设都是极为不利的。如何在多元化的网络文艺生态中确立主流文化的影响力和整合力,如何重新焕发

传统文化的生命力,是关系到社会主义稳定和发展以及培养“四有”公民的重要使命。

(三)网络提供了便捷多样的文艺生产和消费的传播渠道,但也给管理带来了巨大的挑战

如前所述,科技与文化的融合推动着网络文艺的发展。科技的发展提供了各种智能移动终端、各种数字化多媒体生产技术和软件以及高速便捷的网络带宽,为数量众多的个体提供了便捷的文艺生产和传播的方式与渠道,极大地激活了文艺创作的生产力和活力。个体创作的各类文艺作品可以自由上传到各种各样的网络平台上去供网民欣赏评论,许多草根作家、草根艺术家以其鲜明的创作个性和特色在网络平台崛起,传播的速度日益缩短,网民消费的热情日益高涨,一个作品可能在短短数天就会引发成百上千万网民的追捧甚至是模仿,如《花千骨》的爆红。但是,另一方面,这种情况也给网络文艺的管理工作带来了巨大的挑战。

首先,多样化的渠道、海量的作品、迅捷的传播速度给监管工作带来了挑战。数量众多的网民、企业可以通过网站、贴吧、论坛、个人主页、微博、微信朋友圈、QQ群、APP等各种渠道上传海量的作品,这些作品可能存在侵权、低俗化的问题,也可能存在意识形态方面的问题,但是对于其内容的监管,各级管理部门的技术水平和人力、财力一时都很难跟上。其次,网络冲击着政府管理部门传统的管理思路和方法。网络有其不同于现实空间的传播特点,政府部门已经形成了成熟的传统文艺管理体制,但是这一管理思路和方法对网络文艺往往不太适用。例如,在管理部门的要求下《武媚娘传奇》停播并进行了重新剪辑,网络上一夜之间被刷屏,引发了一场冷嘲热讽的“剪胸”舆论热潮。可以说,政府部门的管理工作开始处于全民围观和评论的态势下,甚至无论对错都可能遭受到舆论围攻。政府部门也已经意识到了互联网在各方面的管理带来的巨大挑战,但是面对网络文艺这一新生事物,网络文艺市场秩序的建立、完善、监管还有一个重新调整和适应的问题,可以说,如何建设一个健康有序的网络文艺生态已经成为政府文化管理部门的重要任务。

三、加强网络文艺生态建设的路径分析

互联网技术革命在某种程度上说也是一场生产力革命，使人们的生产生活以及社会各方面发生了巨大变革，我们只能适应和利用，文艺也不例外。按照中央确立的“积极利用、科学发展、依法管理、确保安全”的互联网方针，结合文艺发展实际，网络文艺生态建设可以从以下路径入手。

（一）从以人民为中心的创作导向出发，以建设的姿态打造网络文艺阵地

人民在哪里，文艺创作就应当在哪里，人民的需求在哪里，文艺服务就应当跟进到哪里。当前网络已经成为影响多数网民尤其是年轻网民的主要文艺阵地，人民群众已经在网络平台集聚，那么文艺的未来也必然在网络。有实力才有影响力，没有建设就无从发挥影响力。前几年微博兴起时，个人微博红火，主流媒体缺位，导致生态失衡内容失控，传统媒体与新兴媒体两个舆论场分裂，各说各话。经过几年大力建设和整顿，以人民日报微博为代表的主流媒体和政务微博大举入住，打通了两个舆论场，现在已成为新兴媒体中最主要的信息源，起到重要的引领和主导作用。传统文艺领域有着丰富优秀的人才资源，但不少主流文艺队伍的人们对网络文艺重视不够，存在看不上或者看不懂的心理，面对这种情况就需要传统文艺工作者放下身段，学习应用新技术新手段，运用互联网思维创作一批受网民欢迎的网络文艺作品，更重要的是培养提高网络文艺队伍的素质与水平，从年轻作家中培养符合主流文化要求的网络文艺创作人才，这关系到网络文艺的未来。

《国家“十二五”时期文化改革发展规划纲要》提出，“打造一批具有中国气派、体现时代精神的网络文化品牌。引导网络文化发展，实施网络内容建设工程，推动优秀传统文化瑰宝和当代文化精品网络传播，制作适合互联网和手机等新兴媒体传播的精品佳作，鼓励网民创作格调健康的网络文化作品。”❶要做

❶新华网. 国家十二五时期文化改革发展规划纲要发布[EB/OL]. (2012-02-16)[2015-12-12]. http://news.xinhua08.com/a/20120216/902788_4.shtml.

到这一点，必须转变观念与时俱进，将网络文艺阵地建设作为贯彻落实基本文艺方针的举措，将其提高到主流文化和民族精神建设的高度上来，策划和推出重点网络文艺工程和品牌文艺活动，加强和各类亚文化的对话，用传统文艺深邃的人文和美学思想以及精湛的艺术表现来引导提升网络文艺，使主流文化通过主流渠道传递给主流人群，提高主流文化和价值观念在网络领域的影响力。

（二）以融合为路径，以创新的姿态在取长补短中发展文艺新形态

文艺创作的生产传播越来越高度依赖于技术手段，近代以来印刷和电子技术的出现，对文学、电影和电视剧等文艺的发展起到了不可替代的作用，而网络技术、数字技术正对印刷与电子技术带来颠覆性更替。如何趋利避害创新发展，这是包括文艺在内整个媒体内容行业面临的重大转折。2014年中央发布《关于推动传统媒体和新兴媒体融合发展的指导意见》，明确了媒体发展的方向与路径，指出推动媒体融合发展要强化互联网思维，坚持正确方向和舆论导向、坚持统筹协调、坚持创新发展、坚持一体化发展、坚持先进技术为支撑，要将技术建设和内容建设摆在同等重要的位置，推动传统媒体和新兴媒体在内容、渠道、平台、经营、管理等方面深度融合。

从另一方面来说，无论新老媒体，相互排斥都是行不通的，都需要在相互借鉴和交融中进步，但融合的方向和主导力量是网络。在政策推动下，一批新型综合现代传媒集团正在崛起，成为文化建设的主力军。网络文艺的创作同样存在传统文艺与网络文艺的融合，只有适应互联网技术带来的文艺生产、传播和消费形态的变化，适应新的文化趣味和文艺样态的改变，以创新的姿态把传统文艺的精髓融合到新的网络文艺的创作上来，才能焕发传统文艺的生命力，提升网络文艺的品质和精神内涵。

（三）充分发挥市场力量的积极作用，加强对商业网站的引领和管理

在网络文艺的蓬勃发展中，以商业网站为代表的市场力量起到了主导性的作用，近十几年来，作为新兴产业的文化创意产业在世界范围内得到迅猛发展，成为不少国家经济增长的支柱性产业。美国国家艺术基金会最近发布的报告显示，艺术和文化产业对美国GDP和就业的强大引擎作用一直被低估了，2012年其贡献超过了建筑业、交通运输和仓储业。[1]

如前所述，我国的网络文化产业也一直保持了远远超过GDP增速的高速增长。但是我们的网络文化产业的市场化程度还不够，有些产业盈利模式不够清晰，有些产业链不够健全，有些传统文化产业还缺少真正的互联网思维等等。因此我们还需要继续大力推动网络文化产业的发展。例如，简政放权，加强市场力量的自主作用；鼓励商业网站进行技术和商业模式创新，加大政策扶植，引导商家生产一批具有社会效益和经济效益的网络文艺精品；推进文化产业产业链的健全和配套体系的建设等。

但是另一方面，在商业利益的驱使下，网络文艺产业的氛围一直比较浮躁，追求短期经济效益、产品内容良莠不齐、同质化现象比较严重、缺乏真正的文化内涵等问题都是比较突出的，甚至一些商家利用低俗内容和炒作方式来吸引网民等。对于这种状况，我们也要加强对商业网站的管理和引导，遏制其负面影响。例如，借鉴传统文艺单位严格的内部审核的把关人制度，建立网络企业自我把关机制。支持传统文艺单位与网络企业以混合所有制等形式结盟转型，使商业网站资金、人才与市场优势和传统文艺单位的资源优势、品质追求和社会担当相结合。加强技术监管，通过经济处罚和取缔一些低俗甚至不法的网站来净化网络文化环境等。

[1] 美国国家艺术基金会报告：文化艺术的引擎作用被低估[EB/OL]. (2015-01-19)[2015-12-20]. http://culture.people.com.cn/n/2015/0119/c172318-26406588.html.

(四)积极推动公共文化服务数字化网络化,拓展网络文艺发展新空间

公共文化服务体系是指面向大众的公益性的文化服务体系,它由政府主导,多方提供服务,满足公民基本文化需求,与文化市场提供的多样化个性化服务相互补充。2015年,中共中央办公厅、国务院办公厅连续发文推动公共文化体系的建设,强调在新的形势下,构建现代公共文化服务体系,是保障和改善民生的重要举措,是全面深化文化体制改革、促进文化事业繁荣发展的必然要求,是弘扬社会主义核心价值观、建设社会主义文化强国的重大任务。在构建现代公共文化服务体系中,加强公共文化服务体系的数字化、网络化建设和传播是非常重要的方式之一。中央印发的《关于加快构建现代公共文化服务体系的意见》提出,提高网络文化产品和服务的供给能力,促进优秀传统文化瑰宝和当代文化精品网络传播,加快推进公共文化服务数字化建设,统筹实施全国文化信息资源共享、数字图书馆、博物馆建设、直播卫星广播电视公共服务、农村数字电影放映、数字农家书屋、城乡电子阅报屏建设等项目,在基层实现共建共享,提高资源供给能力,开发特色数字文化产品。这些措施可以以免费或者低廉的价格、便捷的方式给公民提供健康优质的文化服务,从而为网络文艺的发展提供稳定的动力和广阔空间。

(五)完善网络文艺法律法规,规范网络文艺市场秩序

虽然网络文艺的法规制度已经有了基本框架,但依然不能适应网络文艺的独特性和快速发展,需要进一步修订完善,并细化落实。网络文艺具有内容海量、形式多样、传播迅速、匿名性等特点,传统文艺管理的方法,如以官方力量主导、事前审查为主和人力审查等方式,在网络上显得事倍功半甚至无能为力。对网络空间的管理需要开放性的互联网思维,依靠舆论引导和技术管控,依靠企业自律、网民自律和社会监督。

2013年文化部出台《网络文化经营单位内容自审管理办法》,要求网络文

化经营单位设立专门的内容管理部门，配备审核工作人员，明确内容审核工作职责、标准、流程及责任追究办法，对拟提供的文化产品及服务的内容进行事先审核。文化部门则搭建技术平台，提供培训教材，培训审查人员，并对执行情况进行督查和处罚。这一规定的核心就是抓住内容建设和管理这个总纲，明确网络文艺经营主体在内容管理上的法律责任，统一网上网下内容标准，引入技术监管，严格责任追究。对同一内容的多种数字化表现形态，要改变多部门分割管理的体制，简政放权，实行统一管理；创新网络知识产权保护方式，加大执法力度，规范市场秩序。

（六）大力培育网上文艺批评队伍，打造良性互动的网络文艺生态

文艺批评是引导文艺创作多出精品、提高文化和审美内涵、引领文艺风尚的重要力量。以往文艺界和批评界对网络文艺关注较少，或者对于网络文艺现象不知如何进行评论，心有余而力不足，导致缺少严肃的网络文艺研究和批评氛围，少量的研究成果也往往发表于传统媒体，在网络上没有影响力。而在网络文艺领域，商业浮躁气息浓厚，一些商家为了利益不顾底线地进行宣传炒作，加上网民的评论数量巨大，泥沙俱下，使网络文艺舆论处于放任自流的状态。对此，必须以中青年为主，培养一支忠实于社会主义核心价值观，又能很好地掌握网络话语权的文艺批评队伍和意见领袖，不是站在岸上指点江山，而是投身中流激扬文字，广泛利用微博、微信等新媒体新技术，线上线下相结合，深入开展网络文艺理论研究，广泛进行网络文艺评论，赢得网络文艺创作和消费者的认同，为网络文艺评论注入严肃理性的声音，打造良性互动的网络文艺舆论生态。

文化产业在推动新型城镇化进程中的特色化与均衡化——国际经验与中国路径❶

花 建❷
(上海社会科学院 上海 200235)

摘要:发达国家在推动城镇化的进程中,许多区域都肯定了文化创意产业的贡献力,认为它对传承历史文化遗产、扩大就业、开发新经济模式具有重要作用,而这一个过程要体现特色化与均衡化发展的统一。德国、英国、日本和美国等对此提供了许多有益的经验。中国推动新型城镇化的背景与欧美国家不同,是随着产业和城市的双转型,调整产业结构,推动农村人口走向城镇化的过程,要适应中国国土辽阔、人口众多、发展不平衡的大国国情。有鉴于此,中国需要借鉴国际经验,在文化产业在推动新型城镇化进程中,与经济、社会、生态等的均衡发展互为动力和因果,以推动可持续增长。

关键词:文化产业;新型城镇化;特色化与均衡化

❶2013年国家社会科学基金重大项目"增强我国文化整体实力和竞争力研究"(项目编号13&ZD038)研究成果。

❷作者简介:花建,研究员,上海社会科学院文化产业研究中心主任,长期从事文化产业、创意经济和城市文化战略等的研究、规划和决策服务。

一、全球城镇化的关注重点:特色化与均衡化

自18世纪英国的工业革命以来,城镇化就伴随着工业化的步伐在世界主要国家交替前进,城镇化的进展也成为衡量各国和各个城市社会经济发展水平的主要指标。根据联合国2010年颁布的《世界城市化展望2009年修正报告》,18世纪初叶,全球的城镇化水平为5.1%,19世纪初达到13%,2009年全球城镇化的水平首次超过了50%,全球居住在城镇的人口为34.2亿,人类社会首次全面进入了城市社会。

从全球范围看,人类的城镇化经历了四次大的浪潮,第一波城镇化浪潮起源于西欧的工业革命时代,以英国为核心,向法国、德国、荷兰等欧洲大陆国家扩散,工业革命是它的重要推动力;第二波城镇化以19世纪后期开始,美国、加拿大、澳大利亚等后起的资本主义国家为代表,以殖民扩张和新的工业技术的扩散和更新为动力,形成了人口的跨洲际大规模迁徙;第三波城镇化以第二次世界大战后东欧、南美、东亚等地区的经济复苏和参与全球化经济分工为代表,带动了大批人口的城镇化,第四波是从20世纪末叶开始,以亚洲国家特别是中国、印度、东南亚等国家为代表,形成了历史文明大国和农业大国融入经济全球化的浪潮,这一过程正方兴未艾,预计到21世纪中叶基本完成。

大量研究数据表明:城镇化与国家和地区现代化的关系极为密切。城镇化水平与一个国家和城市的人类发展指数(HDI)之间是相互拉动和相互依存的。随着经济发展水平、人均受教育水平、人类健康水平的提高,人们对城镇化的规模和质量不断提出了相应的更高要求,而城镇化的进展又为现代化的增长提供了更大的空间。根据中国学者王凯的研究,2010年中国的人文发展指数为0.663,高于世界平均水平,与中国同期49.7%的城镇化水平和人均GDP 5000美元左右的经济发展水平大体相当。中国的城镇化率在2011年达到51.27%,但是在户籍人口和常住人口的城镇化率方面,还没有达到这个比例。

表1 2010年各国人文发展指数、经济发展水平和城镇化的关系（王凯，2013）

	人文发展指数（HDI）	出生时预期寿命（年）	成年平均受教育年限（年）	儿童预期受教育年限（年）	人均国民总收入（国际元）	城镇化水平
世界平均水平	0.624	69.3	7.4	12.3	10631	52%左右
超高人文发展国家	0.878	80.3	11.3	15.9	37225	81%左右
高人文发展国家	0.717	72.6	8.3	13.8	12286	77%左右
中国	0.663	73.5	7.5	11.4	7259	49.7%
中等人文发展国家	0.592	69.3	6.3	11.0	5134	42%左右
低人文发展国家	0.393	56.0	4.1	8.2	1490	32%左右

根据联合国计划开发署（2010）编撰的《2009/10中国人类发展报告》，中国各省市的人类发展指数存在巨大的差距，其中北京、上海等地区跨入了全球高人类发展指数地区的行列，当年上海的人类发展指数达到0.908，这与北京、上海的城镇化水平超过87%的水平大体相当，而且显示了人类发展指数和城镇化水平的密切关系。各发达国家推动城镇化的进程中，尽管各地的条件和资源不一样，但是有许多都强调了文化创意产业的贡献力，认为文化创意产业在传承城市的历史文化遗产、吸引大批劳动力就业、开发绿色型的新经济模式、改善城镇的宜居环境方面，具有不可替代的重要作用。而要发挥文化产业和创意经济对城镇化的贡献力，必须特别强调发挥优势、突出特色与经济、社会、生态及防灾、治安、移民政策等的均衡发展，唯有这样，文化创意产业和城镇化才能获得可持续发展。

有识之士对纽约、伦敦和东京等世界城市的区域规划，为中国提供了许多有益的借鉴。例如，《危机挑战区域发展：纽约—新泽西—康涅狄格三州大都市区第三次区域规划》（罗伯特和托尼，2011），就吸收了有关规划部门和重要学者的意见而认为：纽约—新泽西—康涅狄格三州的可持续竞争力在于吸引和培育新兴高端产业，而高端产业的发育在于优秀的人才相关资源，这就必须在该地区形成良好的创业、文化和人居环境，才能对纽约及周边地区形成良好的带动作用。又如，伦敦市长在2010年11月15日发布的《文化大都市：市长文化战略——2012及其后》中明确提出："是文化造就了伦敦的成功"。伦敦要保持世界之都的优势，必须面对一系列棘手问题，如人口增长、交通压力、住宿短缺、各阶层获得机遇的不平衡等。正如伦敦城市规划专家卡米拉·维恩指出的：大伦敦城市与许多国际化大都市一样，必须面对一系列棘手问题，如人口增长、交通压力、住宿短缺、各阶层获得机遇的不平衡等，而城市规划的核心原则就是增长、平等共享、可持续发展。有鉴于此，推动文化创意产业与城镇化的发展中，必须要像对待一堆会滚动的保龄球一样，有效地把问题导向和日标导向结合起来，保持一系列战略的相互衔接和彼此平衡，包括文化发展战略、经济发展战略、空气质量战略、生物多样性战略、城市噪声战略、城市治安战略等。这些地区发展文化产业和创意经济，固然要扬长避短，形成特色和优势，也必须兼顾不同文化传统、各族裔、两性平等和移民群体等多样化的需求，在市中心区和周边中小城镇，包括伦敦泰晤士河流经的CAZ中央活力区和西区、东区等各个区域，乃至伦敦的郊区各乡镇，都形成文化创意和设计服务的集聚区、节点和服务平台，以便让文化创意产业与大城市的文化多样性战略相结合，逐步走向多元化和充满活力的大城市区域，与先进制造业和金融、科技、旅游、商贸、教育、保健等现代服务业，形成良好的组合，这正是中国发展文化创意产业，推动新型城镇化必须认真借鉴的重要经验。

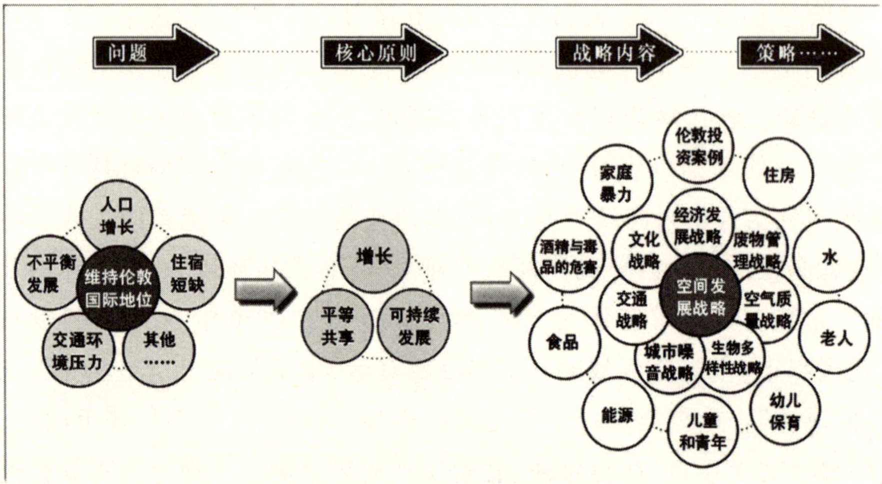

图1　大伦敦城市规划的技术路线❶

二、德国的"分散式集聚"城镇模式和文创产业发展

当许多发达国家和新兴大国面对着大型城市人口急剧膨胀、城市的资源难以承受、可持续发展日益艰难的重大挑战时，德国采取了一种以分散型集聚为根本原则，以交通廊道为纽带，符合中心地系统，实现可持续的空间与保持文化多样性相结合的城镇结构。

这与德国官方和民间普遍强调的可持续城市发展的思路密切相关。德国学者朱廉·维克指出：可持续性的城市改造是德国全面社会改造的一个部分，它必须使用优良的建筑结构和空间结构。他强调了德国有15个关于新城建设与平衡发展的重要理念，其中包括理解移民对街区和城市发展所起的文化和经济作用，鼓励多元文化色彩的住房、商业和服务机构；激活历史文化遗产，包括保护纪念碑和有价值的历史街区，推动世界上最先进的循环经济，减少废弃物的排放等，其中的任何一项都不可偏废，而必须在与其他要素的平衡与联系中才能实现，使得政府、商业、文化团体和社区组织达到功能互补与有

❶此图是综合了卡米拉·维恩（大伦敦区交通运输局总规划师）等专家在"2011：上海·大都市规划论坛"上的演讲材料等绘制。

机整合[1]。

有鉴于此，德国在新城和城镇建设中采用了“分散式集聚”城镇模式，以实现可持续的空间与保持文化多样性，防止了人口和资源向大城市的过度集中。德国的城镇空间结构是在均衡发展的总体思路下形成的，在国家层面遵循“分散型集聚”的原则，在全国范围内相对均衡地分布了11个都市集聚区，包括莱茵—鲁尔、莱茵—美茵、慕尼黑、柏林—勃兰登堡、汉堡、斯图加特、哈利—莱比锡—萨克森、莱茵—莱卡、不莱梅—欧登堡、汉诺威—布伦瑞克—哥廷根和纽伦堡等地区，并以快速多样的交通廊道作为纽带（唐燕，2009；张欣炜，2013）。

德国采用的分散型集聚模式是指人口、工作和基础设施集中分布在各种规模的城市和市镇之中，但这些城市和市镇相对均衡地分布在整个国土范围之内。中国学者张欣炜指出：德国多年以来一直是欧洲经济的火车头，但并不像其他欧美国家以有若干个超级大城市来支配国家的经济和文化资源，相反，其许多城市功能被各大都市集聚区所分担。这些大都市集聚区之间也由交通廊道强有力地连接起来。这些布局合理的交通廊道聚集了国内绝大部分的交通量，所经之处城镇密集，城市化水平高。这种现代交通的可通达性和连贯性使国家内部高效率的劳动分工成为可能，避免了过分臃肿的大城市病，又保持了各地区文化的多样性。

德国的都市集聚区是众多城市及其影响区域所组成的复杂系统，由于历史、环境等因素的影响，在德国的11个都市集聚区中，并存着单中心和多中心两种结构形态。中心地区体系是整个德国城市系统的基石，它们通过聚集基础设施和服务，支撑了德国分散型集聚的城镇空间发展模式。这种分散式集聚模式又获得了法律和制度的支持。德国宪法第106条规定：“德国应追求区域的平衡发展和共同富裕。”德国农民要进城，只需到市政局登记并且按规定纳税，就可成为城市居民。由于德国大中小城市之间以及各地城乡之间的基础设施、工作机会、社会保障、生态环境、文化服务等条件相对均衡，因此，人们没有成群结队移入某个大都市的强烈渴望和必要。有研究者指出：德国所实

[1] 朱廉·维克（Julian W é kel）：《任务的转变，规划实践的转变通往可持续性城市规划的路，北威州的案例》，在“鲁尔对话2010年上海世博会”上的演讲。

施的不是通过耕地变厂房、农村变城市,人口及资源涌向中心城市的“集中”模式,而是就地城镇化、城乡均衡的“去中心化”发展模式(图2)(蒋尉和徐杰,2015)。

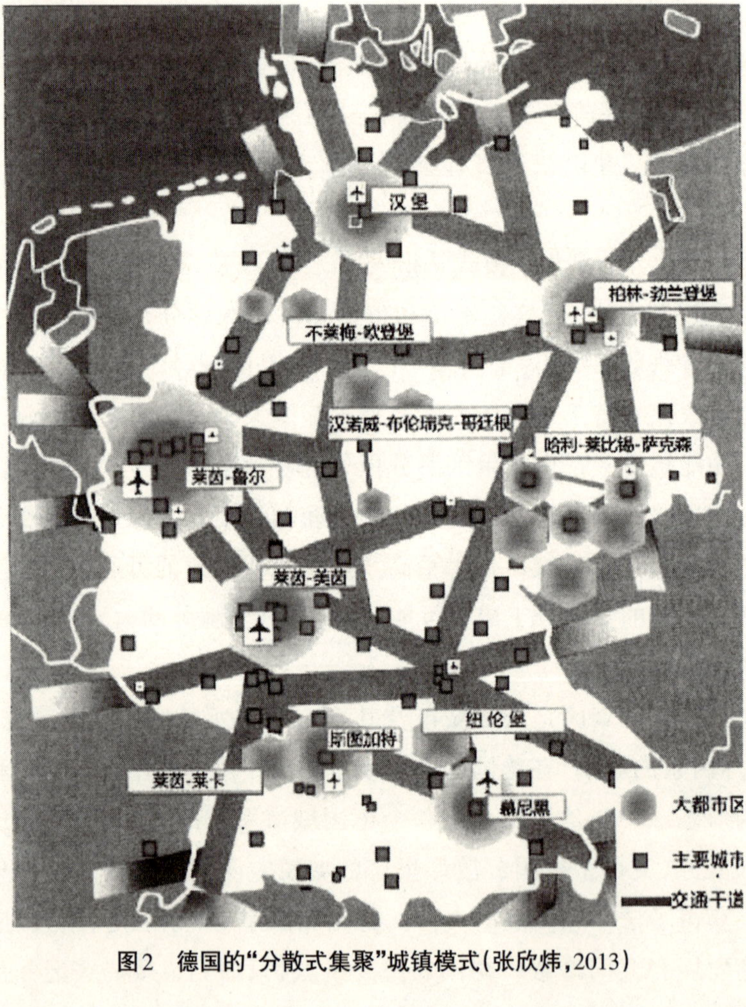

图2 德国的“分散式集聚”城镇模式(张欣炜,2013)

这种“分散式集聚”城镇空间模式有助于实现均衡式发展,11个都市集聚区较为均衡地覆盖了整个国土范围,使得各个区域都能集中一定数量的人口和工作岗位,获得较好的物资储备和基础设施。各种经济和文化创意资源及产业在各都市相对分散,形成了一个节点联结的网络,避免了经济和文化资源在单一城市过分集聚和拥堵，以及城乡差距的其他弊端。这就兼顾了“集聚”和“分散”的双重优势。例如，柏林是全球设计之都，以历史悠久的设计产业而闻名，而莱茵—鲁尔地区把“煤钢联盟”等工业遗产开发成为工业遗产旅游和休闲度假区域，获得了联合国教科文组织世界遗产的称号。鲁尔区从矿区入手进行城市的功能改造，1989年鲁尔区开始实施国际建筑展览10年行动计划，从改造昔日的矿区和厂房入手，对城市建筑景观动大手术。实施这一计划后，绿地、居民中心、物流中心、工商业园区等大小100多个城市项目像拼图游戏一般散布在埃姆舍尔地区的17个大小城市。“国际建筑展览埃姆舍尔公园”项目被视为工业基地稠密区在城市建造和生态发展方面的一个重要模式。鲁尔区政府充分发挥不同地区的区域优势，形成各具特色的优势行业，实现产业结构的多样化。例如，多特蒙德依托众多的高校和科研机构，大力发展软件业；杜伊斯堡发挥港口优势，打造贸易中心，并建立了内陆船运博物馆等。

这种“分散式集聚”城镇空间模式有助于保持各地的文化传统，如汉诺威则是2000年世博会举办地，莱比锡也是著名的会展业发源之地。根据史料记载，展览最初的原型是定期、定点、以物易物的市场集市。随着货币经济的发展，德国最早出现了以货币为媒介的商业展销。公元1156年和公元1157年在德国的莱比锡和法兰克福就出现了欧洲最早的商品集市，当时的地方统治者还正式签署了商业展销开市的证明。这种形态逐步扩大到欧洲的其他地区，并且发展起会展业的多种样式，包括了以一般消费大众为对象的商业展销（fair）、以专业观众为主要对象的展览会（exhibition）、向国际社会进行宣示和展览的博览会（exposition/EXPO）、注重主题性推介表演的展演（show）等多种形态，直到21世纪，这些城市仍然是世界的展览业中心之一。由于德国的人口和产业在全国范围相对分散，保护了文化的多样性，而多点集聚和联通又充分地整合了地方的资源和技术优势，带动了区域经济的发展。这种“分散型集聚”的城镇发展模式，在保证区域集聚效益的前提下，合理地疏散了人口，使得大中小城市和乡村发展均衡，减少了城市病的发生，还节省了空间和大量生态资源。

三、日本:推动城镇化与深耕本土文脉

从20世纪末以来,发达国家发达城市在推动新城镇建设与发展文创产业、传承本土文脉与包容多元文化等方面做了大量探索,日本在推动城镇化方面有十分深刻的教训,也取得了有益的经验。日本的城镇化进程与其经济产业结构的升级高度同步。从1950年起,日本经济复苏并快速增长,城镇化率以每年1.5%的速度递增,1972年即达72%,与美英两国并驾齐驱。由于日本国土面积狭小,解决发展中的人地关系较其他国家更为紧张。卫星城镇的规划目标不是分散中心城市人口,而是控制大量乡村人口的涌入。1956年日本公布《首都圈建设法》,强调在东京100千米范围大规模发展卫星城。20世纪50年代末到60年代,在距东京25~60千米的郊区,靠近铁路或高速公路干线,建设了7座新城,主要以居住功能为主。

1984年5月公布了《首都改造基本设想》,基本方针是改变城市机能过度集中于东京中西部的单级依存结构,将其分散开来,形成有多个核心和圈城的多核多圈型的地区结构,将东京大都市圈建成由东京都城区和几个自立都市圈组成的联合大都市圈。在联合都市圈内,卫星城功能朝着配套齐全的方向发展,此后又建设了一系列以多摩为代表,功能完善、相对独立的卫星城镇。

从20世纪90年代起,第三产业成为日本城镇化建设的新动力,金融、信息等服务业的从业人员在全部就业人数中所占的比例持续上升,城镇化建设也再次驶上了"快车道"。据统计,2011年日本的城镇化率已高达91.3%,超过东亚地区55.6%的平均水平,成为全球城镇化率最高的国家之一。

日本在深度城镇化过程中,推动一些古老的市镇得新生,重点是深耕本土的文化资源,推动城市社会结构变动和重组。金泽就是一个在2009年6月获得联合国教科文组织创意城市的手工艺和民间艺术之都。它拥有45万人口,根据日本学者佐佐木雅幸的研究,这样中等人口规模的市镇十分符合人类居住。自从它的第一任统治者前田利家于1583年入主该城后,前田家族在这里统治了三个世纪之久。有学者把金泽称为日本的阿尔卑斯山地区,它的城区被两个国家公园和两条河流所环抱,其中的犀川犹如一条活泼的男性之河,而

浅野川则是温情脉脉的女性之河。历史上金泽的手工艺水平达到相当高的境界，而且直至今日仍在不断繁荣昌盛，包括五彩缤纷的九谷陶器、朴实的大樋陶器、优雅的金泽漆器、独特的金泽桐木工艺、特殊的手绘加贺友禅丝绸等[1]。

日本城镇化的经验证明：丰富悠久的自然和文化遗产，归根结底是要靠充满活力的企业、院校、社团等主体，以及注重可持续发展的社会结构和政策来推动的。单一的主体不可能承担如此多样化的任务，必须形成一个由多样化主体形成，而且富有弹性和应变能力的社会网络，才能形成平衡的发展。第二次世界大战结束后不久，金泽就建立了“金泽艺术与工艺大学”，除了培育传统艺术与手工艺，金泽在工业设计和手工艺领域也培养了很多领军人才。金泽在市政府迁出中心区之后，建立了“21世纪艺术博物馆”。博物馆落成以后第一年就吸引了约150万名参观者——这一数字是该市人口的三倍；金泽的创意城市战略也展示了政府与市民通过“金泽创意城市委员会”等对话平台进行合作的重要性，该委员会请不同领域的专家及政府一起研究及决定公共政策。这样一种平台及运作方式显然与都市创意的理想是相一致的。

而日本的长浜市是另一个典型的案例。在长浜市中心衰退之前，从江户时代起独占着市中心的传统的社区建设领头人一直支配着长浜的社区，导致新型店铺很难在市中心发展。从20世纪70年代开始，长浜市中心区开始出现了衰落的迹象。在许多店铺倒闭的同时，作为明治时代第一百三十银行长浜分行的传统建筑（因外墙涂着黑色的灰泥被人们称为“黑壁银行”），虽然被人们认为是重要的历史文化遗产，也难以获得后续保护开发的资金。最初，出资“黑壁”的领头人收集资金买下了这座建筑，这使得市中心的土地开始流动，从而产生了原有的店铺和新的店铺从对立到协调再到融合等各种各样的活力。受这种魅力的吸引，其他许多文化创意项目和新生的事物从城镇外边被吸引到市中心，吸引资金和人流的向心力增强，形成了正向的反馈结构。以1989年黑壁玻璃管的建成为开端，“黑壁”社区建设公司不断租借许多关闭的店铺，将其改造变为“黑壁”的衍生店铺，又带动了周围200多家店铺进行了改建，“黑壁”周边也成为有经济活力的文化遗产胜地。这是日本城镇化后期日益重视

---

[1] Masayuki Sasaki: Creative Industries and Creative City Policy in Japan.

文化创意开发的一个侧面(图3)。

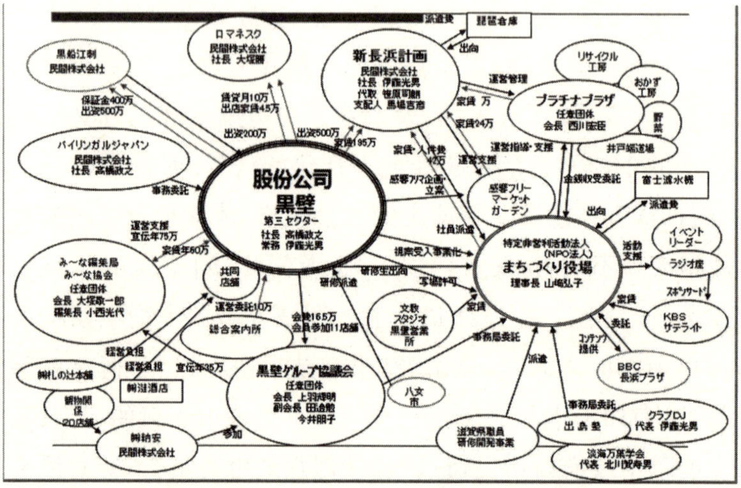

图3 从“黑壁”派生出来的文化创意和综合开发的关系网图❶

在城镇化的进程中,恢复传统的艺术生产方式,焕发文化创意的活力,是日本的一个有益经验。例如,长浜市修复了残留下来的传统街道,引入新的玻璃文化艺术,进行现代感觉的搭配、设计,成为能吸引各地游客的文化创意社区。他们重视贩卖、制作、展示三个场面和创意环节:“贩卖场面”就是尽其所能地汇集上好的制品,以提高装饰性。黑壁玻璃馆并不出售日用的玻璃制品,而是展示国内外的高级玻璃制品,形成了独具魅力的购物空间。“制作场面”是公开各种玻璃制作的技术,让游客可以隔窗观看,现场了解制作过程。如果提前预约,游客还可以亲自体验制造玻璃。“展示场面”是展示一流的玻璃工艺作品,让游客鉴赏和学习。长浜的“黑壁”以非商业部门的资本做基础,用玻璃艺术在市中心积蓄文化要素和经济要素,从而完成了城镇空间的再生产和再创造。这说明:在城镇化进程中,应该鼓励地域的企业参与,才能推动市镇重振文化和经济活力。

❶矢部拓也:《滋贺县长浜市黑壁地区的城区再生——社区建设组织主导的城市中心街区的再生》。

四、美国：以平台集聚市镇的创意资源

美国作为国土辽阔的大国，既有纽约、旧金山、芝加哥等大都市，也有许多小城市和乡村市镇。美国许多小城镇在发展中，善于通过建立良好的公共服务平台，集聚优质的文化创意资源，与当地有活力的主要产业形成融合关系。蒙大拿州发展创意产业就是一个典型案例。蒙大拿州的面积为38万平方千米，排名全美第四位，人口数量为90万人，排名全美第44位，是美国人口密度倒数第三的州。它与加拿大相邻，没有超过50万人的大城市，同时拥有丰富的自然资源和文化历史资源，包括洛矶山脉北端和大草原地区保留的古老印第安民族聚落，以及一系列艺术院校和机构。在这样的背景下，这个州积聚了众多以艺术创作为主业的手工艺人及规模各异的作坊和创意企业。创意产业群与其他五类产业群（木制品加工业、农副业、观光旅游业、生命科学产业、信息技术产业）并列为蒙大拿州的主要经济支柱。同时，蒙大拿州的创意产业与木制品加工业和观光旅游业又存在着交叉融合的业态，这为实现城镇的均衡发展提供了重要条件。

蒙大拿州有关机构的研究报告指出：政府的协调与服务机构、企业、大学和研究机构、中介服务机构、丰富的人力资源等，形成了蒙大拿州创意产业集聚发展的基本主体。它们在产业公共服务平台的基础上，实现了组合，有利于汇聚知识和创意、资金、技术、设备平台、媒体等产业元素，同时有助于与其他产业如木制品加工业、信息技术产业、观光旅游业等相互融合，催生各种创新活动和研发成果转化，形成了生生不息的内部动力，保证了蒙大拿州的创意产业集群多年来充满活力。

蒙大拿州许多市镇的文化创意企业规模普遍较小，它们追求空间的共享和扩大规模效益，促进了成本的节约，也有益于产业的集聚发展。例如，博兹曼市的Emerson建筑始建于1918年，原是一所小学的所在地，1991年被废弃。自1992年起，呼吁文化保护和创意开发的团体开始募集钱款保存这一建筑，经过1992年和2006年两次修葺，Emerson已经成为7个艺术画廊、11个艺术品商店、6个工作室、4个首饰设计店、3个舞蹈中心、7个艺术创作室，2个剧院等文化机

构的所在地,是蒙大拿州最著名的兼具艺术创作、展示和教育功能的机构集群和创意产业集聚区之一(图4)。

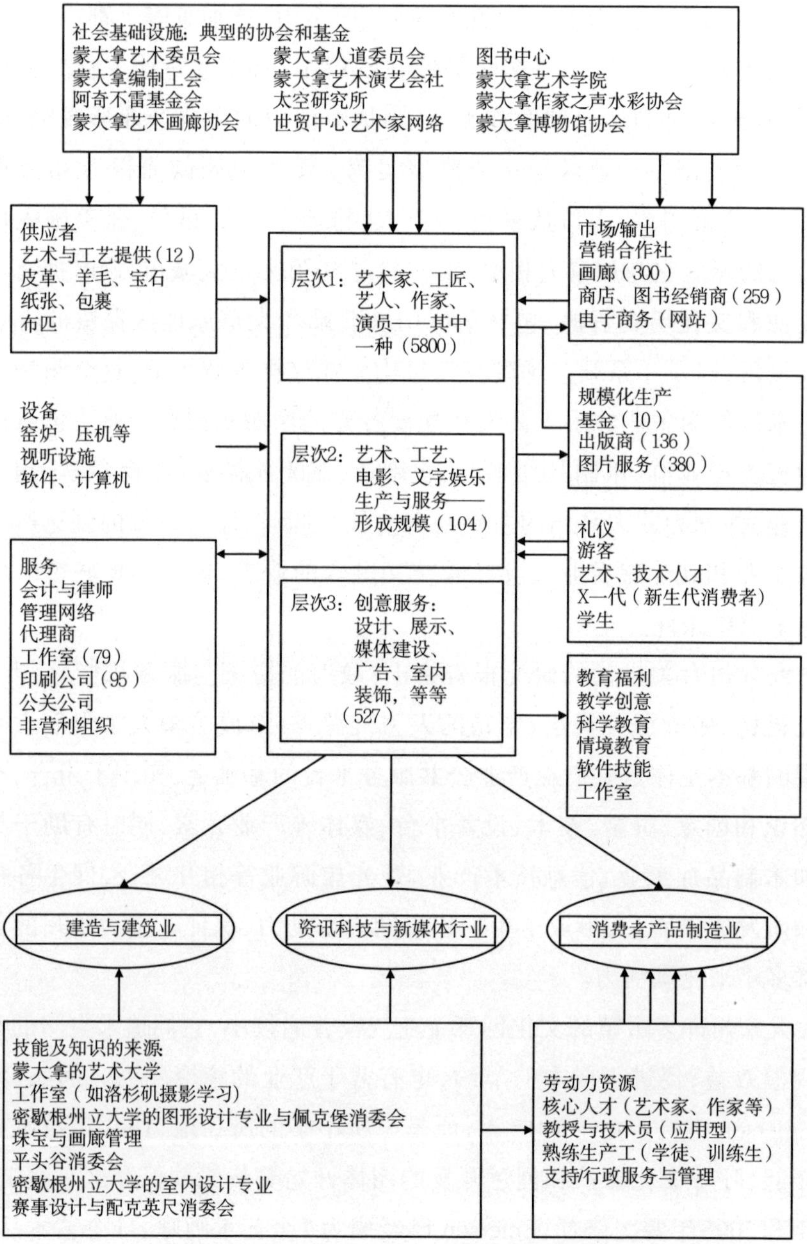

图4 美国蒙大拿州创意产业集群的发展机制[1]

[1] Regional Technology Strategies Inc: Cluster of Creativity: Innovation and Growth in Montana.

圣达菲则是美国中小城市和乡镇居民传承和开发多元文化遗产，和文化产业集聚相结合的另一个案例。与前面提及的蒙大拿州地理位置相反，圣达菲是美国南部边境省份——新墨西哥州的首府，位于一片浩瀚的沙漠戈壁之中。它仅有七万居民，没有公共机场、没有公共汽车、没有高楼大厦，全城绝大部分是两三层建筑，用土红色涂料即“Stusso”覆盖，犹如一片坚固的砂岩矗立在仙人掌丛中。它是美国最古老的首府之城，却又是美国第一个被联合国教科文组织命名的创意城市。远古时期，圣达菲是一片平原和沼泽，土地富饶，物产丰富，吸引了本土印第安人来此生活定居。1610年前后，佩德罗(Don Pedro de Peralta)带领一群西班牙人搬迁到今天的圣达菲地区，印第安部落的村寨被废弃，印第安人也已离开了这片土地。这群西班牙人及后裔成为这座城市最早的建设者。他们坚毅并且富有智慧，在远离家乡的土地上，依靠相互的信赖、家族的纽带和共通的文化获得力量，后来又吸引了英格兰裔、墨西哥裔、亚裔和非洲裔居民等来到这里。

如今，圣达菲是一个聚集了众多种族后裔的小城市。这里文化产业最突出的特色，就是在传承印第安文化、西班牙文化、墨西哥文化、美国本土文化遗产的基础上，让本地居民广泛参与文化创意活动，包括丰富多彩的民间工艺、民间歌舞、创意烹饪、创意时尚、文化节庆等，使得圣达菲成为时尚型民俗创意的代名词。圣达菲的主要文化街区集中在大峡谷街(Canyon Road)周边，两侧排列着近200家小型艺术品商店、博物馆、画廊、工艺美术吧、书店和咖啡馆等。许多居民把自家的住宅精心修饰成家庭型画廊，庭院则做成了咖啡馆和露天酒吧，院墙和大门口装点着印第安人风格或者墨西哥风格的图腾柱和艺术品，播放印第安风格或者西班牙风格的音乐，成为吸引各国游客的文化亮点[1]。这里还有专门销售西藏民俗艺术品的香格里拉画廊，也是欧美游客喜欢的场所之一，当这么多的艺术之家汇聚在一起，就形成了一种规模效应，成为让人流连忘返的创意之街、魅力之城，推动圣达菲成为美国第三大艺术品交易市场。

[1] 根据我们在美国圣达菲市的实地调研。

五、中国：结合新型城镇化探索多样文创路径

中国大规模城市化的背景与欧美国家不同，是随着经济体制的改革，推动大量的农村人口走向城镇化，并且与经济和社会的可持续发展互为因果。中国城镇化推进的过程，是生产要素和商品打破壁垒自由流动和聚集，形成全国统一市场体系的过程；也是推动产业结构和城市空间双转型，走人与环境、产业与生态、资源与效益协调发展道路的过程。

发挥文化引领和提升作用，推动产业升级、自主创新，推动城镇的集约化、生态化、可持续发展，即实现产业和城镇的双转型，是文化产业对新型城镇化的主要贡献。中国国土辽阔，国情多样，产业升级在不同的地区，具有不同的基础和要求，总体上看是要逐步从粗放型、资源消耗型、低附加值型的阶段，提升到科技型、效益型、集约型的阶段，这是市场选择和政策聚焦双重作用的结果。这就对新城镇视野中的文化产业提出了一个因势利导、突出特色、多样模式、平衡发展的重大命题：

第一，推动新型城镇化走向以人为中心的均衡发展。城镇化的指标不仅仅是土地的城镇化，而且是人的城镇化，将从单纯的经济效益主导，走向市民生活品质主导，这不仅仅是指让农民在这个过程中成为新型的市民，也意味着不能以短期的经济效益而牺牲人的生活质量，要让迁徙到新城镇的建设者和大批居民，随着新城镇的建设，进一步提升就业水平、文化品质和幸福指数。城镇居民是文化传承的主体，也是文化创造的主体。各地推动新型城镇化和文化建设的结合，应该通过激发人的创造力和积极性，而实现可持续发展。例如，许多沿海城镇和岛屿，可以结合海洋资源的可开发，与海洋工程、海洋旅游、海洋科普、海岛建设等相结合，使得文化产业与中国首倡“一带一路”，走向蓝水，经略海洋的大国战略相结合；中西部的许多城镇可以传承农耕文化的丰富遗产，开发各种创造、娱乐、健身、交流、体验，让人获得充分发展的机会和享有更多的财富，实施“现代田园城市”的大战略，这正如马克思所说：“事实上，如果抛掉狭隘的资产阶级形式，那么，财富不就是在普遍交换中产生的个人的需要、才能、享用、生产力等的普遍性吗?财富不就是人对自然力——既是通常

所谓的‘自然’力，又是人本身的自然力——的统治的充分发展吗?财富不就是人的创造天赋的绝对发挥吗?(马克思，1995)”

第二，推动新型城镇化走向城乡一体化的可持续发展。随着新型城镇化的推进，加快发展服务业是产业结构优化升级的主攻方向，土地利用方式将由外延扩张、增量为主、粗放低效向内涵发展、存量为主、集约高效转变，这就如同上海市政府所提出的，在新城镇建设中实现三个集中：人口向城镇集中、产业向园区集中、土地向规模经营集中，推动新城镇集居住区、工业区和商贸区为一体。在这一原则的指导下，新城镇的产业和空间布局将生动地体现“城市精明型扩大，农村精明型收缩”的原则，淘汰污染重、能耗高、大量占用土地、产出率低的落后产业，发展科技含量高、能耗低、污染少、产出高、市场前景广阔的新兴产业，特别是现代服务业，推动城乡规划和建筑设计向智慧型、集约型、人性化发展。文化创意产业主要依赖于知识、智慧、创意等可再生资源的投入，而且可以与城乡开发本地文化资源相结合，推动城市在扩张的过程中，融合乡村的生态优势，形成多中心、多组团、联通式的空间布局，应该成为推动新型城镇化，推动生态型、环境友好型经济增长的重要动力。

第三，推动新型城镇化走向历史文化资源的传承和开发。中国作为具有5000年悠久历史的文明古国，在960万平方千米的陆域土地和更为辽阔的海域，保存了数量极为巨大的历史文化遗产。这些文化遗产大致分为历史文化遗址(遗迹)、历史文化建筑(群)、历史文化纪念物与非物质文化遗产四大类。这是源远流长的本土文化之根、中华文化之源。近年来，一些地方在短期的商业利益驱动下，毁坏了不可复制的真实古物、历史城镇和村落，而代之以粗制滥造的城镇开发和低水平的文化地产开发，是对资源和空间采取“不精明型”的巨大浪费，应该通过有效的区域文化发展规划而逐步获得纠正。正如德国学者瓦尔特·本雅明(1999)所批评的：“我们变得贫乏了。人类遗产被我们一件件交出去，常常只以百分之一的价格押在当铺，只为了换取‘现实’这一小铜板。经济危机即将来临，紧随其后的是将要到来的战争的影子。……那么好吧，如果每个个体能给予那些大众些许人性，总有一天，大众会利滚利的偿还。”开发新城镇的文化创意产业，就是一种精神与物态相结合，传承与创造相结合、理解历史与迈向未来相结合的过程,需要采用复原、激活、移植、再造等多种方式,把历史的遗产开发成为今人能够理解、亲近、沟通和欣赏的文化产品。

第四,推动新型城镇化走向生态型和环境友好型的家园。英国社会改革家埃比尼泽·霍华德(Ebenezer Howard)早在1898年出版和1902年再版的《明日的田园城市(Garden Cities of Tomorrow)》就提出了"田园城市"的理想,它的核心为"自然之美、社会公正、城乡一体"。跨入21世纪以来,以绿色生态和节能减排为特征的技术、贸易、投资、产业浪潮进一步席卷全球,能源和资源的节约与再生开发主导着经济和城市的发展,使得绿色型、生态型、环境友好型的新城镇正在成为美好的现实。有鉴于此,新型城镇化将依托文化创意产业获得三个方面新的内涵:①高品质的文化享受,②高雅化的休闲时间,③绿色化的职业生活。大量实践证明:文化产业与推动生态型和绿色型的经济形态具有内在的对应关系。在城镇经济以农业为主的阶段,居民的需求是争取生存,向自然索取,文化产业大多处在分散和弱小的状态;在工业为主的阶段,居民的需求是追求效率,扩张市场,文化产业更多是为制造业和加工业服务;而到了知识经济和后工业化时代,居民的需求是品质为主,崇尚创新,绿色生态,全球交融,文化产业的创意、设计、数字内容等成为现代服务业综合发展的重要内容,成为吸引知识型劳动者的基本条件,而这些新型劳动者恰恰需要文化产业提供生态型的文化产品和文化服务,获得有利于创造和生活的宜居家园。

第五,推动新型城镇化走向本土优势和国际资源的对接。新城镇推动本土优势和外来资源的对接,应该采用多种方式,所谓"在地联动",突出了国际文化创意产业项目在新城镇直接落地后,要利用它们的国际品牌辐射力和规模优势,与本地的历史文化脉络相结合,形成国际化与本土化、世界潮流和历史文脉的相映成趣和产业联动;所谓"资源协同"是指吸引国际文化创意资源和本地人才、资金等的对接。中国许多新城镇的文化产业发展环境和扶持力度等正在不断优化,往往缺少的是以人才、技术、专利为重点的核心资源,通过资源的协同,可以形成更加有效的资源组合;所谓"项目带动",突出了国际化文创产业的核心项目对当地的带动作用,以强势的主体、广泛的国际联系和集群的联动，形成参与国际化分工协作的优势，而为新城镇地区的文创产业开发带来活力。例如，上海国际旅游度假区——上海迪士尼乐园和相邻川沙新镇、横沔古镇文化创意产业的联动开发规划，就推动了国际文化创意跨国公司与在地的历史文化资源的对接，努力形成世界娱乐产业和上海历史之根的联动发展；而浙江横店影视产业实验区、广东顺德国家工业设计城、陈村花卉产业园等，则是立足当地的产业优势，促进本地文化创意资源和海内外市场、项目、资金等的对接，形成组合优势。这些在实践中不断开创的案例，为中国文化产业促进新型城镇化建设之路，提供了有益的启迪。

参考文献：

[1]王凯. 新型城镇化的内涵和模式思考[J]. 上海城市规划，2013（6）：12-13.

[2]联合国计划开发署. 2009/10中国人类发展报告[M]. 北京：中国对外翻译出版公司，2010：105.

[3]罗伯特·D.亚罗，托尼·西斯. 危机挑战区域发展：纽约—新泽西—康涅狄格三州大都市区第三次区域规划[M]. 蔡瀛，译. 北京：商务印书馆，2011.

[4]唐燕. 德国大都市区结构的特征与发展趋势[J]. 城市问题，2009（2）：88-94.

[5]张欣炜. 德国城镇空间分布结构特征及对我国的启示[J]. 上海城市规划，2013（3）.

[6]蒋尉，徐杰. 德国"去中心化"的城镇化发展逻辑[N]. 光明日报，2015-7-19（6）.

[7]张欣炜. 德国城镇空间分布结构特征及对我国的启示[J]. 上海城市规划，2013（3）.

Chapter04

海 外 声 音

论韩国故事强国的发展策略——从storytelling的概念生成到“新话创造”项目[1]

鄢　葵[2]　李永求[3]

摘要：韩流推动了韩国社会对文化产业的聚焦。随着韩国学术界对文化产业研究的深入展开，有关storytelling的话语日益增加，尤其在storytelling与文化产业间的紧密关联在理论上得到论证后，学术界、产业界和政府达成了共识：文化产业，内容是关键，而故事、讲故事或storytelling则是内容的核心。事实上，Storytelling一词源于20世纪90年代中期的美国，但值得注意的是，进入21世纪之后韩国才开始正式受容该术语，短短十余年过后，storytelling不仅为大众所熟知，甚至晋升到了国家发展策略的高度。既然如此，在韩国，storytelling的概念是什么，它与文化产业之间的关系如何，以及作为国家发展策略的storytelling，其具体执行项目和效果又是怎样等问题则不得不引人思考。本文将从产业界、学术界和政府这三个层面对上述问题进行集中探讨，厘清和把握韩国storytelling的历史脉络和实态，希望对中国文化产业的发展提供某种经验和启示。

关键词：文化内容；storytelling；国家策略；“新话创造”

---

[1]该研究受韩国外国语大学2016年度研究经费的资助。

[2]作者简介：鄢葵，韩国亚洲大学文化产业系助理教授。

[3]作者简介：李永求，韩国外国语大学文化产业系教授。

一、绪言

进入21世纪之后，韩国文化产业的发展取得了举世瞩目的成绩。伴随网络技术的发展和新媒体的普及，以电视剧为核心的第一代韩流过渡到以流行音乐（K-POP）为主导的第二代韩流，韩国大众文化的活跃领域也从亚洲扩大到了世界舞台。2012年，《江南风》通过YouTube风靡世界，外貌平凡的中年韩国歌手瞬间窜红。如今，《大长今》、“鸟叔”等已经成了一种代表韩国大众文化的文化符号。

在论及韩流兴起的背景和原因时，大部分学者提到了金大中时代的“文化立国”政策。不可否认，亚洲金融危机后，从技术工业向文化产业的转型契合了时代发展的步伐，为韩国文化产业的振兴奠定了基础。同时也必须指出，韩流的“爆发”并不是一出有剧本的演出，即韩流不是政府发起、主导和推进的国家行为，相反在韩流所带来的巨大经济收益和文化效应的冲击下，韩国学术界着手究明韩流的发生原理，政府才开始积极制定文化产业的发展政策。

从某种角度来看，韩流推动了韩国社会对文化产业的聚焦，其中，学术界堪称为首。2002年，一批人文学者打着“挽救人文学危机”的旗号创办了人文内容学会，开辟了从事文化产业研究的阵地。主张用纯韩文从事学术研究的哲学系教授从“东道西器”的角度对文化内容的概念进行了阐释。“文化”意味着韩国的精神文化，内容（contents）代表西方的技术文明，文化内容则是发掘文化原型（original form + archetype）或文化要素及其所蕴涵的意义和价值（原型性、潜在性、活用性），并使之与媒体（on-off line）相结合的新文化的创造过程（李基相）。”近来，他还从“社会通合”的层面对文化内容赋予了“疏通”这一新的功能。

随着文化产业研究的深入，storytelling的相关谈论日益增加，大部分学者意识到storytelling是文化内容产业的核心。在学术界的推动下，政府也逐步把storytelling提上纲领，而舆论媒体也纷纷响应这一趋势，致使storytelling这一术语频频曝光,从而为大众所熟知。如今,storytelling 前面的限定词日益多样化,如:影视 storytelling、空间/场所 storytelling、媒体(media)storytelling 等,可见 storytelling 被广泛运用到各个领域。

既然如此,storytelling 的概念是什么,它与文化产业究竟存在什么样的关系,它是如何上升到国家发展策略的高度,storytelling 的具体施行项目及其效果又是怎样等问题则不得不引人思考。本文将从产业界、学术界和政府部门这三个层面对上述问题进行集中探讨,由此厘清和把握韩国 storytelling 的脉络和实态,从而提供某种经验借鉴。

二、storytelling 的概念生成

storytelling 出现于 20 世纪 90 年代中期的美国,源于加利福尼亚的"National Storytelling Festival"。1999 年,美国国防部设立在南加州大学的创意技术研究所把好莱坞的专业知识运用到了军事训练方式的更新上,从而开发出一款以战争为背景的电子游戏。企业顾问 Diana Hartley 采用讲童话故事的方式进行企业培训。可见,storytelling 作为一种超越政治、文化以及职业界线的谈话形式,在美国取得了惊人的成功。

在欧美,storytelling 的中心在于 telling——传达方式,局限在某种与口头文学(oral literature)领域相关的范围内。依据 Walter J. Ong 的观点,现今的 storytelling 的传达方式在多变、附加、集合、参与等方面明显呈现出了口头性的特点。所谓 storytelling,是对事件陈述的支配性的话语方式,它包含故事、话语以及故事发展为话语的过程。文化圈、创作主体、适用领域及类型、最终内容的形态等不同,storytelling 的概念多少也会不同。

(一)概念和领域

21 世纪韩国学术界与文化产业界所提到的 storytelling,是在媒体技术的发达和普及,尤其是文化内容这一概念的兴起和全球市场的扩张,以及朝创意社

会转型的文化范式的转化等背景下诞生的。当然,其中并不能排斥文化原型、地域文化等口头文学与storytelling的关联。同时,韩国作为拥有大量优秀文化原型的宝库,storytelling中最核心的来源明显也是文化原型。尽管如此,也不能把韩国的storytelling仅仅局限在口头文学的领域。

Richard Florida指出,全球的产业体系正在向创意社会(creative society)转变中,相较于物质财货,创意社会对创意知识和内容赋予更多的价值。欧盟的新里斯本战略(Lisbon strategy)、英国的创意产业宣言、日本的内容振兴法制定等也可以视为创意社会转换的一环。在此,storytelling与创意之间是密不可分的。因此,无论是电影、动画等特定的娱乐领域,还是广泛的社会文化内容层面,storytelling的作用明显得到了强调。甚至在属于信息传达领域的教育和资讯内容领域,storytelling的活用的可能性也很大。

伴随IT技术的发展,21世纪的韩国朝着次时代文化内容强国的目标努力前进。在产业界、政府和学术界的齐心协力下,终于确立了广义的"文化内容(contents)"的定义。Storytelling与文化内容概念的确立有着密不可分的关系,它作为文化内容最核心的创作技术和策略发展而来。因此,韩国的storytelling超越了北美和欧洲狭义的storytelling的范畴,相反是一种扩张型的新叙事(new narrative)和创意性技术。

进入21世纪后,大众对storytelling的需求急增,学术界也给予了高度的关注。网络空间的扩张和数字化技术的超速发展为storytelling的兴起提供了契机。具体来看,这与影像时代的全面化、感性文化的扩张、相互作用的电子空间的增加、依据用户体验构筑的增强现实(augmented reality)的日常化等有着密切的关联。在此过程中,storytelling开始成为媒体内容或文化内容全领域的企划、制作(创作)过程的方法论。

尽管如此,学者和业界从业人士并没有对storytelling达成共识。如前所言,storytelling的概念与数字化技术、媒体平台的形态以及内容的形式有着密切的关联。因此,storytelling的概念则不得不是"过度的"或"保留的",且相关的实际活用方案也无法不存在视角差异。即便缩小文化内容领域的讨论范畴,storytelling的审视立场也会存在差异。

现阶段对storytelling的一般理解可以概括如下:是文化内容产业全领域,如电影、广播电视、动画、游戏、卡通形象领域的创作方法论,是实现一源多用(one source multi use)的策略技术。此外,还有把storytelling放在上层范围,而把文化内容的全域以及广告、设计、电视购物、主题公园、体育等一切潜藏叙事可能性的文本视为下层范围的类别论见解。

(二)故事与原型

"There is nothing new under the sun."这句话在storytelling领域同样适用。尽管storytelling是文化内容的核心策略,但并不意味着通过storytelling就能由"无"生"有"。这是因为,storytelling——人类相互倾诉故事的欲望,不是流行而是本质。

Storytelling的源生力量在于"故事"本身。无论媒体如何发达,技术如何先进,故事在storytelling中占据的比例并不会由此而减少或弱化。作为虚构的故事,不论是从个人层面还是从社会层面,都为人类提供了某种情感发泄的渠道,并揭示了某种普遍的、终极的快乐和醒悟。

此时的故事,指的并不仅是近代小说所揭示的个人层面的苦恼以及有关主体的问题意识。虽说storytelling与近代文学有着紧密的联系,但这绝不意味着它是文学的下层概念。相反,storytelling中的"story"更接近于某种原型,即在特定的时间和空间中累积的人类的集体无意识和文化资产得以集中体现的原型。因此,storytelling领域所涉及的"story"必须同时具备大众的和普遍的价值。当然,这里还必须考虑到创作主体以及文化圈域的特殊性。

故事原型的发掘和提取不应该只局限于发掘,还应该对具体的操作机制予以揭示,即如何将原型与数字媒体相结合从而进行加工和重构的机制。例如,美国的Dramatica Pro 4.0、Power Structure 2002、Texas A&M大学的interactive storytelling engine等从故事的主题到结构把文化原型以软件的形式呈现出来。通过pre-visualize这种软件,向创作者重构故事原型提供帮助。梨花女子大学研究室承办的“storytelling helper”项目对大量电影、动画等的故事主题和原型作了数据化处理。

（三）构现要素

在数字文化环境下，storytelling作为文化内容构现要素的中轴，其形态极为多样，因此，有关storytelling构现要素的研究在范围和层次上呈现出差异，仅从文本中心出发，则无法对介入企划、创作、流通等过程的storytelling作较好的说明。

Park Kee-su认为，storytelling本身并不是自给自足的实体，而是构筑独立文本的一个构成要素，因此，能否发现它与剩余要素之间的最佳结合方式是其成败的关键。同时，“storytelling与它所构现的文本的构现目的有着关联，可以测定文本的完成度；过程中共享的实现、持续及其扩散的时间和范围等也是重要的作用要素。storytelling的性质是依据它所构现的文本的目的所决定，而其性质又是通过构成文本的各个要素的结构上的统合来实现的，因此，storytelling可谓是实现目标的谈话战略。”

从创造性地操作享有者的体验的战略构成及其实践的层面来说，storytelling还是以参与、体验和过程为中心的分享型谈话方式。因此，相关探讨必须包含以下三个中心。第一，以叙事、类型、媒体、构现技术等文本为中心的探讨；第二，围绕享有者的需求、共享的实现状况及方案展开的共享中心研究；第三，围绕由构现目的决定的storytelling的性质展开的研究。为此，Park Kee-su提议从生产者、文本和享有者这三个层面对storytelling的构现要素进行探究。

从生产者的层面来看，必须对包括storytelling的构现目的、以具体目标市场为前提的中心目标、期待收益创出方案、类型转换、窗口效果、商品化、品牌化等在内的一源多用战略、中心目标的前瞻性共享分析等予以考虑。

从文本的层面来看，应对中心语言、叙事构成要素、构现类型的语法、源泉内容的存在与否及其转换战略、构现媒体的特性、构现技术的特性、相互文本的实现与否等进行探讨。

从享有者的层面来看,必须对与文本相关的享有者的事前体验、享有的类型、持续时间及程度、文化水平等进行考察。

(四)媒体环境的变化

本雅明指出,所有话者(说书人)编出来的故事,其源泉都是以口相传的经验。然而,随着时代和媒体环境的变化,故事的传达形式也发生了天翻地覆的变化。写作空间在变,storytelling的内容和表达方式也在变。同时,storytelling的变化对与文化紧密的相关生产者和享有者的地位和作用也产生了影响。小说由作家创作,靠文字呈现在纸上。此时重要的storytelling技术是以因果时间为中心的事件的排列或重组,即情节。让读者先体验哪些事件、推迟哪些信息的解码过程等是storytelling技术核心。

漫画通过框架来完成由文字和图片构成的storytelling。框架的大小和摆置以及如何运用框架与框架之间的空间,这使读者对通过文本和图片无法传达的脉络形成结构。漫画的框架使得时空移动以及假象听觉的形象化变得可能。因此,漫画家应该熟练掌握在框架中设置文本、图片和声音的方法,而读者则需要具备解读框架的能力。

电影又如何呢?爱森斯坦(Sergei Eisenstein)指出,“按号码罗列的剧本,就好象摆放在太平间的尸体,无法赋予电影生命力。”作为电影叙事核心的剧本,赋予本质材料以形态并不是其终结,而是材料延续的一个阶段。若作家用文字这一收信手段创作剧本,那导演则致力于用视听觉的电影语言完成叙事。最终通过荧幕呈现给观众。因此,剧本、拍摄、录音、编辑等全过程则是电影storytelling的领域。

从印刷和电子文化时代向数字文化时代的过渡过程中,storytelling技术的重要性也日益凸现。柏拉图曾把字母称之为“技术”。但从历史的发展脉络来看,技术这一术语应该包含与人类的独创性和发明能力相关的创造过程。只有摒弃片面的、微观的观念,且从宏观的视角出发才能理解今天的新媒体storytelling。

随着游戏这一新媒体的出现，storytelling的领域也发生了巨大的变化。基本来说，游戏使以时间为中心的意识流转变成了以空间为中心的意识流。因为游戏是一门在对空间进行探险的过程中编造故事的现在进行时艺术。此外，从以文学为基础的故事领域、平面设计领域到使之在数字媒体得以构现的编程领域，游戏storytelling的领域扩张到了融合和统合的层面。尤其值得注意的是，传统方式的storytelling具备“生产者中心的线形性”特征，强调有始有终，对生产者和消费者有明确的区分，游戏明显与之大相径庭，它所具备的是相互作用的非线形性特征。因此，游戏storytelling把玩家的积极参与作为故事生产的基础。尤其在游戏等互动storytelling中，以人物形象为中心的故事得到了强调。

以上从四个方面综合探讨了storytelling概念的内涵和外延。从中可以得出以下几个结论：第一，storytelling并不是现代的产物，从根源来看，可以追溯到口头文学，与传统叙述学领域有着密切的联系。这也是早期storytelling研究为何是从叙事角度出发的原因。第二，与欧美相比，韩国storytelling的范围领域更为广泛，除了涉及传统的叙事学领域，还扩展到了媒体领域，即构现手段从语言/文字文本扩展到声音、影像。第三，无论是概念还是其本身，storytelling都是“进行时”。

综上所述，源于欧美的storytelling自21世纪进入韩国以来，伴随韩国文化内容产业的发展以及媒体环境的变化，且在学术界的积极配合下，storytelling的概念定义逐步得到了究明。此外，舆论媒体对该术语的推广和扩散也发挥了至关重要的作用。韩国电视台1频道于2007年11月8号开始播放《storytelling俱乐部——故事发展所》（2007.11.08—2008.12.27）这一时事教养节目，推动了文化内容与storytelling概念的普及。

三、storytelling策略的具体举措及其成效

1998年金大中政府执政，之后确立了“文化立国”的发展战略。1999年《文

化产业振兴法》颁布,2001年文化产业振兴院设立。由此可见,金大中政府为韩国文化产业的发展奠定了坚实的基础。2003年至今,韩国经历了卢武铉政府、李明博政府以及现任的朴槿惠政府。政治理念、施政纲领、执政环境等不同,各届政府制定的文化产业政策也不同,与此同时,storytelling策略的侧重点也不同。本章将围绕政府政策和媒体环境变化为中心,对不同时期故事强国策略的具体措施及其成效集中进行探讨。

(一)故事原型挖掘和“一源多用”

2003年2月到2008年2月,即卢武铉政府执政期间,在政治上推行市民参与的民主政治;在经济上建造“东北亚经济中心国”和科技中心社会;在文化上实行新自由主义文化政策,构筑知识文化强国。简言之,参与政治、知识经济、文化内容等可谓是当时的核心词汇。韩流的成功使大家意识到文化产业的高附加价值,顺应时代发展的趋势,卢武铉政府也积极制定推动文化产业发展的诸多政策。

这一时期韩国的文化内容和storytelling处于概念萌生期,人文学者们的研究侧重于本土文化,即所谓的原型。依据他们的思路,科学技术(媒体)是冰冷的外套,无法触动人们的心灵,唯有套上温暖的、趣味的、感人的(文化)内容或故事,才容易为大众所接受,而内容或则是根深于历史文化传统中的原型。因此,对传统文化进行挖掘和开发成了当时的热潮。

为此,韩国文化体育观光部和文化产业振兴院推进了一系列的文化原型数字化内容事业、趣味要素与文化解码的数据化作业、故事创造支援道具开发事业等项目。值得注意的是,这些项目不是把所有故事视为任意的或主观的个人问题。相反,构思过程和企划开发被视为客观的且能被证明的对象。例如,于2012年2月28日发行的《文化原型内容总览》收集了文化体育观光部与文化产业振兴院近十年间开发的文化原型发掘与活用事例。相应的研究成果以百科辞典[1]的形式向大众公开，也被作为创作源泉而应用到实际的创作中。此外，为拉动地域经济的发展，地方政府也积极响应密切配合推动文化产业的发展，乡土文化原型发掘、地域文化电子地图等项目也如火如荼地进行。

配合故事原型的挖掘，“一源多用”战略也应运而生。所谓的“一源多用”是指把一个内容用电影、游戏、动画、卡通形象、出版等多种方式进行加工从而使附加价值最大化的方式。即通过某一核心内容的成功来带动其他领域的衍生产品的成功，从而获得协同效果。从storytelling的角度来看，一个故事，根据传达媒体的不同，其表现方式和类型都不同。与文字结合，遵循叙事原理，则生成小说；与文字和图片结合，遵循框架转换时空间的机制，则生成漫画；结合声音和影像，且配合拍摄、编辑、音效等一系列制作过程，则生成电影。由此可见，“一源多用”也是符合storytelling跨类型、跨媒体的要求的。

古典小说《春香传》被多次搬上电视和电影屏幕，甚至还以舞台剧的形式呈现在观众面前。以小说《美室》为基础改编的电视剧《善德女王》取得了高收视率，2013年上半年票房成绩前十的《隐秘而伟大》则改编于同名的网络漫画。由此可见，“一源多用”的storytelling在影视领域得到了广泛的运用。

如上所述，卢武铉政府时期所施行的文化产业发展项目重视基础文化原型的挖掘和开发，同时还提出了“一源多用”具体模式。那么，这些措施的具体究竟效果如何？参照表1可知，自2005年起，韩国文化产业的年均增长持续下跌；参照表2可知，2006年以后韩国文化产业出口处于停滞状态。由具体的经济数据来看，这一时期的storytelling策略并没有取得实际的经济收效。

[1] 韩国门户网站naver提供文化原型百科检索服务：http://terms.naver.com/list.nhn?cid=3939&categoryId=3939&categoryType=dictionary.

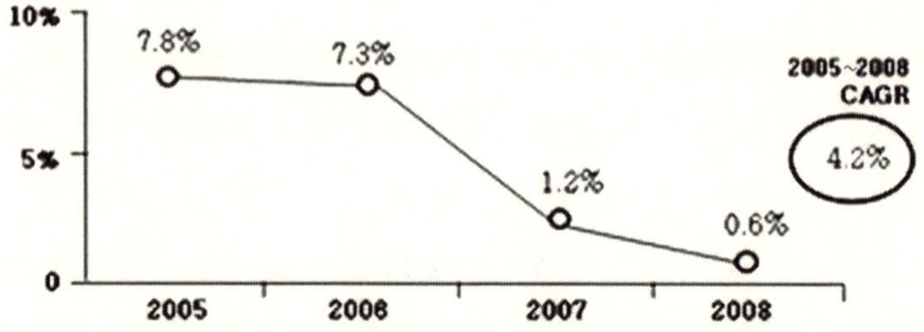

表1　韩国文化产业年均增长率❶

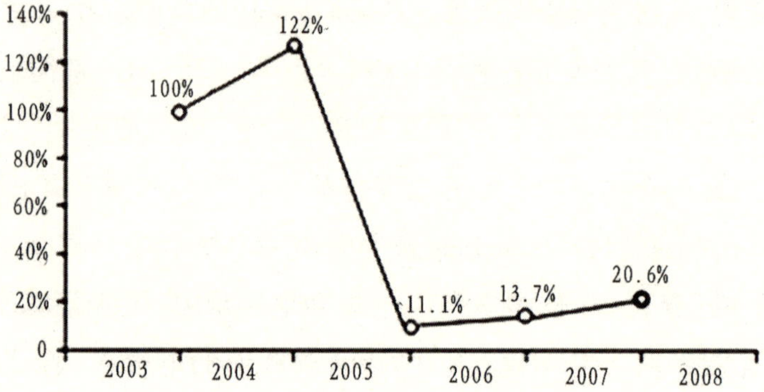

表2　韩国文化产业出口增长率❷

就电视剧领域来看,并没有出现《大长今》《冬季恋歌》等超具影响力的作品。韩流的停滞引发了学术界针对"韩流持续发展可能性"的讨论,这也为第一代韩流向第二代韩流过度奠定了基础。尽管卢武铉政府执政期间的故事强国策略没有取得明显的经济成效,但这并不意味着故事原型挖掘和"一源多用"模式无效,从下一任政府的举措中可以得到发现。

(二)智能化环境下的"新话创造"项目

2008年2月到2013年2月是李明博政府执政时期,该政府以"创造性实

❶数据来源:韩国文化体育观光部,文化产业统计调查2009。

❷数据来源:韩国文化体育观光部,文化产业统计调查2009。

用主义”为理念，主张“绿色经济成长[1]”。作为生态环保且具备高附加价值的文化产业，与本届政府的“绿色成长”极为匹配。为提高行政效率和强化职能，李明博政府上台之后对文化产业振兴院进行了优化重组，把广播电视产业振兴院和游戏产业振兴院并入文化产业振兴院，并改名为韩国产业振兴院。

《哈利波特》的成功体现了创意性作家的故事所创造出的巨额经济财富；电影《阿凡达》的全球热映，是通过CG、3D等电影制作方式的革命而获得的高附加价值的实现。业界成功案例的启示，加上智能化环境的到来，韩国政府于2010年正式推出了打造“故事强国”的“新话创造”项目，致力于创意性故事的挖掘以及创意性作家的培养。

“新话创造”项目承袭了“发掘故事”的宗旨，但需要注意的是，它强调的是深度开发。它以公开招募的形式对故事的发掘及商品化予以支援，提供了公平、公正和开放的平台。2011年，“新话创造”项目设奖金4亿5千万韩币选拔优秀故事。此外，还对获奖作品的后续作业予以支援，包括为获奖者提供固定的创作空间、提供专业的写作辅导以及举办会展实现与制作公司、投资方的配对。

故事强国，人才是关键。“新话创造”项目还致力于培养创意性的讲故事人才。第一，文化产业振兴院于2010年创办了故事创作学校，旨在培养特殊类型，如科幻、武侠、推理等领域的讲故事人才。第二，定期举办内容创意学习坊，邀请海外知名专家，如犯罪心理学、法医等做专题演讲。第三，结合地域文化进行故事创作，在大田、全州、忠南等地培养地方的讲故事人才。

“新话创造”还重视文化技术的提高。为确保技术优势和提高竞争力，韩国政府对搭建CG、3D、VFX等特殊效果的实验室予以援助；学习好莱坞的制作经验，导入全程交流体验；构筑CG、3D立体影像综合支援体系；对文化技术研发、制作商用化等给予全方面的援助。此外，还注重培养专业的3D技术

[1]尽管李明博政府提倡“绿色成长”，但其推行的“四大江”事业则颇受质疑，甚至被不少政界人士和学者视为“破坏生态”之举。

人才。

在“新话创造”项目的推动下，韩国电视剧有了明显的变化，一改以往情节拖沓、桥段老套的面貌，涌现出一批内容新颖、类别创新的电视剧。以首尔电视台（SBS）为例，2011年的《sign》和2012年的《幽灵》等犯罪推理剧大受好评。尤其是《幽灵》，内容与时俱进，对当下网络犯罪的实态进行了解析，得到了文化体育观光部的援助。近期热播的《听见你的声音》也是SBS特别企划的一部法庭剧。

既然如此，李明博政府时期的storytelling举措是否有效呢？从电影领域来看，自2008年以来，韩国电影在本国市场的占有率逐步上升，2011年达到了51.1%[1]；不仅如此，电影出口额从2010年开始小幅度上升，呈现回暖的趋势。参照表1可知，韩国电视节目的出口额自2008年开始持续呈增长趋势。由此可见，该时期的举措取得了一定的成效。

表1　广播电视产业出口现状（按媒体）[2]

媒体 \ 年度		2008	2009	2010	比量%	前年对比（%）	年均增减（%）
KBS		34.315	33.926	41.848	18.3	23.4	10.4
MBC		22.288	31.298	33.522	14.7	7.1	22.7
EBS		223	822	517	0.2	∇37.1	52.3
民营电台	SBS	34.125	35.310	45.784	20.0	29.7	15.8
	其他民营	200	23	98	0.04	326.1	∇30.0
无线电视台合计		91.131	101.379	121.769	53.3	20.1	15.6
广播电视频道使用企业		2.789	2.867	6.043	2.6	110.8	47.2

❶参考2011年电影产业统计。

❷数据来源：韩国文化体育观光部，《2011文化产业统计（2010基准）》。

续表

年度 媒体	2008	2009	2010	比量%	前年对比(%)	年均增减(%)
海外侨胞广播电视支援	15.306	24.513	44.970	19.7	83.5	71.4
音像/DVD制品销售	33.362	20.900	15.301	6.7	∇26.8	∇32.3
节目形式销售	17.533	20.569	26.859	11.7	30.6	23.8
节目独立制作公司	11.228	14.349	13.691	6.0	∇4.6	10.4
合计	171.349	184.577	228.633	100.0	23.9	15.5

四、结语

2013年2月，朴槿惠政府上台，新一届政府上台之后提出了发展“创意经济”的口号，为此，文化产业的创意性层面更加得到了凸显，而storytelling本身就要求创意，因此与新政府的经济发展方向极为吻合。日前，韩国文化产业振兴院召开了“storytelling创作支援软件——story helper”的发布会，这预示着storytelling创作新范式的到来。至于story helper软件的效果和评价，则有待时间来检验。

本文从storytelling的背景出发，对该术语的内涵和外延进行了探讨，进而通过具体的storytelling项目措施对韩国的故事强国策略及其效果进行了考察。从产业界的角度来看，storytelling是从事文化产业的生产手段；从学术界的角度来看，storytelling是研究文化产业的方法论；从政府的角度来看，storytelling是推动文化产业发展的核心策略。

Storytelling在文化产业领域的广泛应用以及消费者对其的需求日益增加，为韩国故事强国战略的制定提供了现实基础；学术界对storytelling的深入研究以及对其与文化内容之间关系的进一步究明，为韩国故事强国战略的制定提供了理论基础。有了现实和理论基础，韩国政府把storytelling提到战略的高度,制定了故事强国的路线。

如果说卢武铉政府时期的storytelling项目侧重于素材挖掘,那李明博政府时期的storytelling则侧重于具体操作和人才培养。如果说前者把原型的焦点集中在本土,那后者则放眼全球市场,试图实现本土和全球的结合。如果说前者注重“story”,那后者则侧重于“telling”(与媒体结合)。

参考文献:

[1]李基相.地球地域化与文化内容——地球村时代预期的韩国文艺复兴[J].人文内容,2006(8):18.

[2]沃尔特·翁.口语文化与书面文化[M].何道宽,译.北京:北京大学出版社,2008.

Artistic Movement as Social-Material Assemblages

Jonathan Paquette❶

Devin Beauregard, doctoral candidate - School of Political Studies, University of Ottawa, 120 university, Ottawa, Ontario, Canada, K1N 6N5

Abstract: Building on Actor-Network Theory, this article approaches the notion of artistic movement, an important notion for the study of collective phenomena in the field of creative industries. Looking at the case of the minimalist art movement — a movement associated with the counterculture of the 1960s in America — this article seeks to understand the collective dynamics of innovation involved in arts movements. While often referred to as an important notion in the art world, art movements constitute a fluid, yet seldom theorized form of agency. This article delves further into and explains the importance of artistic mediators and intermediation in the understanding of the development of artistic movements.

---

❶associate professor - School of Political Studies, University of Ottawa, 120 university, Ottawa, Ontario Canada, K1N 6N5. The author would like to acknowledge the support of the Social Sciences and Humanities Research Council of Canada (SSHRC).

Introduction

According to DiMaggio and Stenberg (1985), "the origins of artistic innovation" have long been "a central concern of arts students and policymakers (107)".[1] What constitutes artistic innovation has become an even more salient question for policymakers who are now increasingly interested in sustained growth for the creative industries, and who are trying to tap into the economic potential of artistic creativity. Innovation in the creative industries represents something that is both highly praised and celebrated. One possible explanation for what an innovation is in the world of arts comes from Becker (1974) who states that "artistic innovations occur when artists discover alternate means of assembling the resources necessary" to produce or create new artistic endeavours[2](p.767). Becker argues that this conception of the art world is highly collective in nature: art is collective action. For Becker, the conventions of the arts make cooperation easier, but also make innovation all the more difficult. Consequently, artists must often choose between conventional ease and unconventional troubles (p.773)[3]. That being said, this does not discourage artists from consistently challenging and redefining conventions, and to use different materials, processes, and practices to innovate again, defined as this alternate way to assemble the resources necessary and available to produce. Innovation, in Becker's view, accommodates both the ideas of incremental change and radical transformation. Some changes may be gradualist, within "a persisting artistic tradition"; while others may be more radical, akin to a "scientific revolution"(p.773)[4]. In other words, as a form of collective action, art worlds also make room for changes, renegotiations, contestations, and inventions of new artistic conventions. In Becker's

❶ DiMaggio, P. & K. Stenberg. 1985. Why do some theaters innovate more than others? An empirical analysis. Poetics, 14, 107–122.

❷Becker, H. S. (1974). Art as collective action. American Sociological Review, 39(6), 767–776.

❸ Becker, H. S. (1974). Art as collective action. American Sociological Review, 39(6), 767–776.

❹ Becker, H. S. 1974. Art as collective action. American Sociological Review, 39(6), 767–776.

view, this innovation in practices and process is also tied to the social dimension of the arts, as arts and artworks are created by "networks of people acting together" (p.775)❶.

In this article, following Becker's (1974, 1984) insights of the art worlds and innovation, the idea that artwork and art is not only the product of an artistic genius, but rather the product of a complex network of actions and people is furthered. If artistic innovations represent a specific challenge to some conventions of the arts, we argue that artistic movements (and the notion of artistic movement) represent an important unit of analysis for making sense of artistic innovations in their own specific social context. Artistic movements emerge in the fractures with conventions: they are an attack on or a challenge of the conventions. To describe these moments of artistic controversy, Becker (1974) refers to artistic movements to embody these artistic tours de force: "any major change necessarily attacks some of the existing conventions of the art directly, as when the Impressionists or Cubists changed the existing visual language of painting, [...] (p.773)❷. Artistic movements, this article argues, open a window into the social processes and ways of assembling and organizing that enable artistic innovations. The contribution of this article is to further the theoretical grasp of Becker's insights on artistic innovation by borrowing from actors-network theory (ANT) (Latour, 2005a)❸. In particular, this article wishes to expand on the social-materiality of innovation and its technical dimension. In fact, Becker's insights and propositions on the collective dimension of art worlds is not incompatible with an actors-network approach as his insights of artistic change often allude to the technical and material resources that come to play in the redefinition of conventions. This article seeks to highlight the mediators and intermediary dynamics — or the contro-

❶Becker, H. S. 1974. Art as collective action. American Sociological Review, 39(6), 767–776.

❷ Becker, H. S. 1974. Art as collective action. American Sociological Review, 39(6), 767–776.

❸Latour, B. (2005a). Reassembling the Social: An Introduction to Actor–Network Theory. Oxford: Oxford University Press.

versies — that come to shape the challenge to artistic conventions. Thus, this article-holds that the artistic controversies that enable artistic innovation ought to be understood in the social-material aspect of artworks and art worlds – thus raising the importance of technical, instrumental, and material mediation. However, artistic controversies are not meant to be resolved; they coexist with other controversies, and, more importantly, are legitimized, translated, and stabilized by intermediary actors. Artistic movements embody this dual process of defining and stabilizing artistic innovations.

This paper will discuss artistic innovation by approaching two defining decades (1959-1975) of a movement known as Minimal Art (or minimalism). The minimalist movement constitutes an important contemporary arts movement whose actions had profound influence on today's art world. Moreover, minimalism in visual art is clearly an artistic movement that cannot be subsumed under the logics and sociological dynamics of a "school" such as those developed throughout Europe, especially during the Renaissance (as exemplified through Caravaggesque painters, for instance), where transmission of skills and cultural capital is primarily what is at stake. Movements live through changes in the art worlds; they represent a claim for a new position a new world-view. While "schools" suppose a primacy of arts' (and mostly artists') subjection to the isomorphic pressures of a field, movements imply an idiosyncratic opening. Artistic innovation in schools occurs when a pupil ritually supposes he or she has accrued the necessary capital to be emancipated from his or her old master. Thus, innovation comes from a ritualistic and symbolic distancing from the past, whereas movements suppose innovation from a collective process.

While there are varieties of minimalism in the arts (e.g. in music, in literature), minimalism is most commonly associated with a turning point in the visual arts that became recognizable in the work of a rather limited number of American artists. Although some artworks of the 1950s are associated with minimalism and presented as early works of the movement, the great artistic creativity of minimalism is often circumscribed to a very narrow timeframe of the early to mid-1960s (Reynolds, 2004, p.215)❶. Minimalism holds a position of historical significance for American arts as it is often identified as the "root" movement of the whole counterculture movement in American visual arts; it is a movement that both preceded and coexisted with many other well-acknowledged countercultural movements in the arts such as Pop art and Conceptual art (Strickland, 1993,p.5)❷.

Robert Morris, Donald Judd, Carl André, Dan Flavin, Sol LeWitt, David Smith, Frank Stella, and Anne Truitt are amongst the most iconic artists of this American movement. This list is, of course, but a small sample of a rather long list of highly talented and innovative American artists. Minimalists described their work as "sculpture," most of which was made with industrial materials. According to Anna Chave (2004), "minimalist projects typically entailed a paradoxical combination of humbleness and pretention, being ordinary in their forms and, seemingly, in their materials and means, yet grandiose in their claim to art status" (p.478). Dan Flavin's sculptures, for instance, are made of industrially available neon lights with no further modification in their properties other than their assemblage into sculptures. Most of the sculptures produced by minimalists are, in fact, installations that mobilize the space (exhibit space) with rich propositions. Donald Judd, for instance, has been famous for serial arrangements of iron-made rectangular objects. The strong ideational positioning of minimal artists in the field, as well as their relentless efforts to define themselves and the traits and characteristics of their aesthetics, has been defined as a rather singular aspect of the movement (Reynolds, 2004, p.216)❸.

This paper is divided into three parts. The first part further develops the notion

❶Reynolds, A. (2004). Minimalism's situation.In P. Wood (Ed).Varieties of Modernism. New Haven, CT: Yale University Press.

❷Strickland, E. (1993). Minimalism: Origins. Bloomington, IN: Indiana University Press.

❸Reynolds, A. (2004). Minimalism's situation.In P. Wood (Ed).Varieties of Modernism. New Haven, CT: Yale University Press.

of artistic movement; it explains the rationale for the use of this notion as well as its potential and consistency with ANT perspectives. The second part discusses the research strategy. The third part of this essay presents the case of the Minimal art movement, followed by a broad discussion of the findings.

Artistic Movements and Innovation: A Conceptual Framework

The study of cultural industries is highly interdisciplinary in nature; it builds and borrows from the Sociology of Culture, Cultural Economics, Arts History, Cultural Policy Studies and many more other influences such as Organizational Theories. In this interdisciplinary context, many notions and concepts have circulated past disciplinary barriers, while others have been developed in an attempt to account for the collective dimension of the "art worlds." Amongst the many notions commonly used in the study of cultural industries, the notions of (artistic) schools and (artistic) movements are two of the most commonly referred to, particularly in Arts History and Sociology of Culture,when discussing the collective dimensions of art worlds.

On Schools and Movements-School: Used to describe a group of artists working under the influence of a single master or sharing common characteristics because they come from a particular region or town, or practice the same local style (Clarke , Clarke, 2010)[1].

The notion of school widely used in Arts History conveys the ideas of apprenticeship and transmission of cultural capital, and emphasizes the idea of hierarchical ways of organizing. Drawing from the work of Italian master Caravaggio (1571-1610), many of his followers (e.g. Lionello Spada (1576-1622), Giovanni Baglione (1566-1643)) learned from and espoused his techniques and subjects of predilection.

[1] Clarke , Clarke. (2010). The Concise Oxford Dictionary of Arts Terms. Oxford: Oxford University press

Beyond this, Clarke and Clarke's (2010) definition also conveys the impression of a (artistic) school as an association that is spatially determined. Before being recognized and practiced in France and the Netherlands, the aesthetic of Caravaggio was highly specific to Rome. Additionally, the notion of schools insists on the persistence of conventions, on their transmission and their capacity to establish cultural hierarchies (Bourdieu, 1991, 1979)[1]. Schools suppose transmission, but also hierarchies and dominations among producers. The diatribe between Caravaggio and some of his contemporaries (such as Baglione) illustrate perfectly the social dynamics subsumed under the logics of schools: they constitute an inward outlook into the hierarchies of the art worlds. This this paper argues, however, that the notion of school has more to do with what Becker (1984) would describe as centrifugal (and perhaps coercive) forces — those social forces that makes the art world a conservative world, one that insists on the survival of conventions amongst followers.

An alternative to the notion of school is the notion of artistic movement. While there has been little attempt at producing any formal definition of an artistic movement, the notion, nevertheless, is widely used to describe specific practices of the arts and specific aesthetics; it is used to establish different times and spaces in the history of cultural production. In Arts History, movement is used to establish a periodicity and to consolidate a differentiation in styles and aesthetics. One will discuss arts of the 19th Century and differentiate between the Arts and Craft movement and the Impressionist movement. Despite the fact that it is not uncommon to use both notions (school and movement) interchangeably, there may, however, be a case for suggesting that each notion possesses nuances that could potentially refer to different phenomenon or different ways of accounting for the social dimension of the arts and its modes of organizing. Widely used inaesthetics, arts philosophy, and arts history,

[1] Bourdieu, P. (1979). La distinction. Critique sociale du jugement de go t.Paris : Les é ditions de minuit. Bourdieu, P. (1991). Le champlitt é raire.Actes de la recherche en sciences sociales, 89, 3–46.

the notion of artistic movement is often used to refer to a body of work that shares some philosophical, aesthetic, and even technical commonalities. For arts historians, an artistic movement is identifiable by a shared social and philosophical position on the arts (Peckham, 1951)[1]. Even though the notion of artistic movements suffers from less formalistic definitions, movements, it seems, refer to a more fluid association of actors, artwork, and techniques.

It reconfigures and reshapes the realm of artistic possibilities. Some sociologists also go so far as to suggest that an artistic movement's purpose or general aim is to radically transform the whole of the social fabric (Whittaker, 1993)[2]. While artistic movements remain inextricably and primarily tied to the inner dynamics of artistic fields and to the logic of the art worlds (Becker, 1984)[3], they do possess qualities akin to those found in the broader notion of social movements: they can truly and legitimately claim to contribute to societal changes through the transformative power of art.Building on Touraine's (1973) well-acknowledged conceptualization of social movements, a strong parallel can be drawn between the defining principles of social movements and artistic movements. Just like broader social movements, artistic movements are organized around an identity principle that dictates the basic cognitive and cultural coordinates that structure the identity of the movement. Artistic movements are generated in opposition as they enter the arts field with new "artistic propositions" and often symbolically reject the former rules and canons of art. Artistic movements are also organized and shaped by what Touraine refers to as a totality principle that points out the deeper philosophical aims or, as contemporary post-marxist literature on social movements would label, a "counter-hegemonic" social project (a global alternative).

❶Peckham, M. (1951).Toward a theory of romanticism. PMLA, 66(2), 5–23.

❷ Whittaker, B. (1993). The arts of social change: Artistic, philosophical and managerial issues. Journal of Arts Management, Law and Society, 23 (1), 25–36.

❸Becker, H. S. (1984). Art Worlds. Berkeley, CA : University of California Press.

Recent attempts at understanding artistic markets have led economists to question the sense and definition of the very notion of artistic movements. In the field of cultural economics, the outcomes of artistic market research has become an opportunity to test the idea (and conceptual heuristics) of artistic movements (Frey, 1997)[1]. For instance, in Singer and Lynch's (1997) work, artistic movements are understood as having a three time life cycle divided between founders, followers, and, ultimately, "mainstream" followers. These works insist on a seminal impulse - most likely to be the contribution of a single artist who is almost entirely credited for the life (or birth) of an entire movement. Additionally, these approaches (e.g. Singer and Lynch, 1997; Hellmanzik, 2009) have a tendency to take for granted the socially accepted excellence of specific artists as a definitional criteria of an artistic movement and, as such, often eschew trying to understand the finer dynamics that are conducive to artistic innovation - criteria that characterizes the rise of an artistic movement.

While the notion of artistic movements contains an obvious heuristic potential for understanding the collective dynamics of artistic innovation, it does require further theorization.

An Actors-Network-Theory (ANT)and the Study of Culture

Actors-Network theory (often also referred to as the Sociology of Innovations or the Sociology of Translation) is a sociological theory that has gained importance and influence in the field Organizational Studies in recent years. From Laboratory Life (Latour , Woolgar, 1979), to Science in Action (Latour, 1989), and to the work of Callon (1986), ANT has been a crucial component and of seminal importance to the development of Science and Technology Studies. Latour's (1989) ethnography of the laboratory has shown how scientific facts are deeply imbedded in the fabric of social

[1] Frey, B. S. (1997). Art markets and economics : Introduction. Journal of Cultural Economics, 21(2), 165–173.

interactions. For the tenets of ANT, the division between social and material facts or the division between the social and the object represents a false dichotomy. That is to say, ANT rejects any distinction between human and non-humans — meaning that society and organizations are, in this respect, an assemblage of human and non-human actors, organizations are socio- material networks (Alcadipani and Hassard, 2010: 420); they are networks of heterogeneous actors (Whittle and Spicer, 2008: 612). For Latour (2005), society is a composition; it is a federation of those heterogeneous assemblages that associate and dissociate over time.

For ANT, three broad notions are of key importance to describing change and stability: controversies, innovation, and representation. These elements are highly interdependent, and are offered as an integrative treatment in the work of Michel Callon (1986). Controversies represent distinct moments where the composition — the assemblage of human and non-humans actor (or actants) — is disturbed. This disturbance in this chain of alliance is often the result of a controversy where the spokesperson, intermediary, or representative is challenged. According to Callon (1986), controversies become apparent and inevitable whenever actors (or actants) are openly contested in their relevance or in their legitimacy as representatives (p.199). Innovations constitute new federative propositions by contestants who propose a new form or manner of associating. Innovations become alternative propositions to associate that aim at overcoming (or surpassing) the crisis generated by the controversy. Controversies, Callon argues, are the sum of dissident actions geared against the representatives (p.199). This model has been widely used to make sense of scientific and technical controversies. Callon built this model of explanation around his observation of a socio-technical controversy that occurred in the association between fishermen, scientists, and scallops on the coast of Brittany, France.

Callon (1986) has described these associations (or collective actions) as "translations" — as captivating and convincing a field of the interest (urgency) for change, and as an attempt at contesting the legitimacy of established positions (and representatives) in a given field. Translation is a collective action that comprises four steps, which are used to understand the lifecycle of an artistic movement. Once a controversy is sparked, the normal assemblage, the chain of alliance, is dislocated and opened to new propositions. Collective actions are mediated by a new way of problematizing — a new approach to defining actors, actants, their identities, and their respective roles in a future organization. In doing so, the respective actors are attracted, made to be interested, and mobilized to occupy their respective function in their network (Akrich, Callon, , Latour, 2002a, 2002b)[1]. In sum, controversies and innovations are paired in their existence.

While ANT has been influential in the study of sciences and technologies, it has not been limited to these fields. Working as a collaborator to Callon, Latour, and Akrich, Antoine Hennion (1989) has furthered ANT to the art world. According to Hennion (1997), the study of culture needs to acknowledge, and not dismiss too rapidly, the importance of artwork — in its technicality and materiality — as a point of departure for sociology of art (p.416)[2]. Developing a research programme on the study of music, Hennion offers an invitation to pay attention to the different material and technical aspects of the world of art. As Hennion argues, "based on different material mediums of music, there is always a reference to competing constructions of musical 'truth'" (p.417)(Hennion, 1989)[3]. In other words, what is at stake in the world of art is competing and conflicting notions of "artistic truth." For Hen-

[1] Akrich, M., M. Callon, and B. Latour. 2002a. The key to success in innovation Part I: The art of interessement. International Journal of Innovation Management, 6(2), 187-206.Akrich, M., M. Callon, and B. Latour. 2002b. The key to success in innovation Part II: The art of choosing good spokespersons. International Journal of Innovation Management, 6(2), 207-225.

[2] Hennion, A. (1989). An intermediary between production and consumption: The producer of popular music. Science, Technology and Human Values, 14(4), 400-424.

[3] Hennion, A. 1989. An intermediary between production and consumption: The producer of popular music. Science, Technology and Human Values, 14(4), 400-424.

nion, acknowledging the artist's own aesthetic position and interest is not beyond the reach of a sociology of culture, but is, rather, a very important dimension to bring back into sociological analysis. These aesthetic choices are not fleeting in the absolute - they are mediated, they are made possible by the association with mediators. For Hennion, [musical] mediators "include scores and texts, sound, instruments, repertoires, staging, concert venues, and media, and in a wider context, the rites, the ceremonies, prayer, religious, national and political celebrations, [...]" (p.432)(Hennion, 1997)[1]. The use and rejection of certain types of mediators is exactly what co-constitutes the aesthetic content, authenticity, and artistic truth of art. Consistent with Becker's view of the artistic process as a collective action, ANT's contribution to the sociology of the art aims at reintegrating and providing some insights to fully acknowledge the activity of mediations that constitute the reality and the "artistic truth" sought after by artists and their alliances.

The notion of creative industries — in its definition of art, culture, and creativity — already acknowledges the collective dimension of creative processes. Beyond the technical, instrumental, and material associations that artists produce to make their claims on art, there are also other actors (mediators or intermediaries) that connect artists and public, artists and critique, or producers and amateurs. In fact, amateurs occupy an important place in shaping art: they have techniques, instruments, and put themselves at the disposition of the aesthetic experience (Hennion, 2009). As suggested by Hennion (1989), between the artist and the public, "there is a series of iterations, the construction of models and experiments, progressive attempts to extend what has been first localized in studios" (p.402)[2].

This facilitates a return to the broader framework, developed by Latour (1986)

❶Hennion, A. (1997). Baroque and Rock Music: Music, mediators and musical taste. Poetics, 24(4), 420–435.

❷Hennion, A. 1989. An intermediary between production and consumption: The producer of popular music. Science, Technology and Human Values, 14(4), 400–424.

and Callon (1986), that was discussedin positioning artistic movements. To reiterate Becker's (1984) point, controversies are an important component of the art worlds. Artistic movements represent a form of collective action in the arts field — one that emerges from controversies and aims at bringing forward a movement's artistic innovation. Whether this innovation is radical or simply a small incremental change is hardly the point here. Movements represent a point of tension in the art world — they represent a new/additional claim on the truth, quality, and authenticity of art — and are loosely coupled (and heterogeneous) associations between actors and non-human actants.

Borrowing from actors- network theory, two aspects can be derived that may well define the socio- technical nature of artistic controversies (and innovations). First, artistic innovations are mediated by controversies, by contestations, and challenges to the representatives (mediators and spokespersons). In the case of artistic movements, diatribes occur around different practices, forms of art, techniques, instruments, principles, and people who embody a conception and position in the field that is defined as non-representative (discredited, inauthentic, etc.) of what the arts truly are. Second, just like scientific controversies (Latour, 1989), artistic controversies sustained by emerging artistic movements may be highly technical, and may revolve around the socio-material ground of arts. Under the appeal to renew practices and conceptions of the arts lies the legitimization of new techniques and new aesthetic principles. Artistic controversies are fought in the arena of arts expertise. The emergence of an artistic movement corresponds to a challenge of conventions — controversy (or controversies) —that is brought into the open in the artistic field.

Research Strategy

This research for this paper was designed as a qualitative case study. Given the fluid nature of the object, the methodology of this research is reflective of the process outlook on data collection and analysis. According to Langley (1999), process research often deals with events and with the evolution of relationships; it incorporates a multitude of different data, and contains numerous challenges given the non-linear relationships that are conveyed by data (p.694).

The most intense period of activity for the minimalist movement was, in fact, very limited. This period occurred primarily during the 1960s, particularly during the period between 1964 and 1968. The timeframe of the research, however, is focused primarily on the period between 1959 up to the mid-1970s, though the data collection range extends up to 1996 — a collection timeframe that roughly captures two important dates/periods in the history of the minimalist movement. The first date is often seen as a seminal one for minimalists. In 1959, Frank Stella produced a series of paintings named Black Paintings — a series of work that is often seen as the seminal moment where the minimalist aesthetics was first performed and presented to the field. The second period, which occurs in the 1990s, coincides with both a renewed interest in the movement by critiques, as well as the end of an era with the death of Donald Judd in 1994 and the subsequent death of Dan Flavin two years later.

Data collection revolved around different types of sources. The first type of source used was the specialized art journals in which controversies have been prone to emerge, and where these controversies are of a more technical nature. Articles were retrieved mostly from Art Forum, and Art International, as well as from other important professional arts debate arenas. These specialized journals contain critiques; but, more importantly, they also contain interviews with artists. It is not unusual to retrieve the content of these articles and interviews as part of retrospectives, exhibition catalogues, or in anthologies. The research was concentrated on key artists of the Minimal art movement (Frank Stella, Donald Judd, Robert Morris, Dan Flavin, Sol Lewitt, and Carl Andre). In total, 23 issues of specialized arts magazines were surveyed.

The second type of source used for this research was generalist newspapers, where the art critiques of the New York Times — from the 1960s throughout the 1990s — have been extremely important and abundant. Given the fact that the movement took roots, for the most part (though not exclusively), in the city of New York, the use of New York Times critiques felt justified. Additionally, the New York Times is also known to be a newspaper with a certain tradition of conveying (and creating) information on the art world. Since the 1960s, in a database covering 1923-2009, more than 2500 articles have discussed - to a greater or lesser extent — issues that pertain to minimalism in the arts. While some documents were relevant, this research concentrated on a more targeted use of 336 newspaper article retrieved between 1966-2009, though focused on articles written in the 1960s and 1970s (approximately 140 articles). More recent articles, from the 1980s and 1990s, were also used — some of which allude to retrospective exhibits or obituaries and biographical material. Other newspapers were also examined. Articles were retrieved on the basis of their inscription as comments on or about minimal art and the minimalist movement, or on the basis of critiques made on or about the works and life of iconic artists of the movement.Moreover, biographies, anthologies, and art books were also used. Some of this-material — the art books in particular — conveys the modes of appropriation and mediation of arts as they are developed and experimented by amateurs.

In addition to this documentary search, this article drew on archive work conducted at the National Gallery of Canada. This institution has been an important diffuser of minimalist work, and the emergence of minimalist work presented there coincides with a shift in the museum's strategy and attempts at internationalization. Material from the professional archives of past curators were used along with archive material covering major exhibits that occurred in the 1960s and 1970s around the works of Dan Flavin (1969), Donald Judd (1975) and Carl André (1979). The archives include correspondence material, pictures, studies, research material, and various exhibit documents. Catalogues of more recent exhibits and retrospectives were also used. Different correspondence and sketches were important to evidence the material dimension of art practice.

Minimal art and innovation: Assembling for a new "truth" about the art

In the second half of the 1960s, after years of difficult reception by arts critics, minimalism's principles finally began to circulate in the field as legitimate new ideals. In a 1968 article of the New York Times on the work of Dan Flavin, Philip Leider (1968) described quite well the ambitions of the movement:

Flavin's work is often associated with two contemporary set of ideas which have in common only the conviction that conventional painting is an exhausted medium. The first, the so-called "literalist" ideas most closely associated with Flavin's friend, Don Judd, proceed into three-dimensional works not easily classifiable as "sculpture" out of the conviction that modern painting, especially after Stella, had rendered any form of "illusionism" unbearable. [...] The second set of ideas [...] are based on the proposition that conventional painting and sculpture simply cannot retain conviction and remain a sort of quaint anachronism in a technological age (p.D27).

With much more circumspection than some of his predecessors, Leider's (1968) description almost perfectly captures the main characteristics and claims of the representatives of minimalism. This excerpt from Leider's critique communicates well what is at stake in the minimalist movement: A new style of artwork is clustered around the work of a number of artists who defy conventions. Their defiance and relationship to the art world is mediated in specific artistic techniques and mediums. As an art movement, Minimal art is a reaction to "illusionism" — the idea that Minimal art represents a movement that challenges the definitions of art developed by an earlier generation of (primarily) New York based artists, namely: the Abstract Expressionists, whose movement is incarnated in the art of Mark Rothko, Jackson Pollock, Barnett Newman and Willem de Kooning, only to name of few. Abstract expressionism in painting conceived art as an expression of unconscious forces; abstract expressionism saw art as a medium for the artist's own self-expression and emotionality (Clifford, 1990)[1]. Minimal Art rejects the illusionism of painting in both abstraction and actual figuration. Philosophically, one will see some commonalities between Minimal Art's philosophy (its interest for experience and immediate access to art, and its dismissal of representation) with the political aesthetic of Jacques Rancière (2010) and his preference for presentation, rather than representation in the arts, as conveying an inherent sense of bourgeois morality. Finally, it may also be important to know that the Minimal Art movement coexisted in the same temporality and spatiality as the Pop Art movement, a well known modern art movement characterized by the engagement with material from mass culture. Andy Warhol, Roy Lichtenstein, and Jasper Johns are amongst the most prominent names of this very popular artistic movement.

While this is far from a comprehensive list, table 1.1 reunites what can be described as key moments in the development of Minimal Art. From 1959 and Stella's paintings (defined as a point of artistic origins) (see Meyer, 2004), to some of the developments and experimenting with techniques by Dan Flavin, Donal Judd, and Robert Morris in the early 1960, to the exhibit of minimalist work in the Green Gallery in New York, minimalism has rapidly constituted its aesthetic principles and its main challenges to the canons of the arts — and it has especially articulated the main aspects of its challenge to Abstract Expressionism.

---

[1] Clifford, R. (1990). Abstract Expressionism: Creators and Critics. An Anthology. New York: Abrams.

Table 1.1 Key Moments in the history of the Minimal art movement

1959	Frank Stella - Black Paintings exhibited at the Museum of Modern Art (MoMA, New York) as part of 16 Americansexhibit
1961	Dan Flavin and the production of his Icons
1963	Show at the Green Gallery
1964	Closing of the Green Gallery — minimal artists represented by Leo Castelli
1965	Art Critique Barbara Rose ABC Art and literalism
1965	Art critique Richard Wollheim coins the terms minimalism — minimal art
1965	Publication of Specific Object by Donald Judd
1966	Primary Stuctures Exhibit at the Jewish Museum (New York)
1967	Critique Michael Fried Art and Objecthood
1968	Publication of Minimal Art: A Critical Anthology edited by Babcock.

The years 1965 and 1966 represent important turning points for the minimalist movement. In 1965, the world of art critiques had begun to gain interest in the movement, while 1966 saw the first major museum exhibit for minimalists. In the late 1960s and early 1970s, minimalist artists' vision had become more or less legitimized by the arts market, collectors, galleries, and museums. From 1965 to 1968, most references point to key moments of the movement through critiques, arts publications, and the production of manifesto-style documents.

The legacy of minimalism has been an enduring one. Many artists like Judd and Flavin remained active and clearly associated with the movement decades after the formative 1960s. Nonetheless, in the late 1960s and early 1970s, artists associated with the movement sought for autonomy or "renewal" of their creative processes. Many artists associated with minimalism were subsequently associated with post-minimalism, and some, like Robert Morris and Sol Lewitt, started engaging with the idea of conceptual art. Like in scientific controversies (Latour, 1989), artists sometimes move away from their initial inscription in a movement, without losing any symbolic gains, and with, in front of them, the infinite possibility to further their own (individual) position in the field. Artists, like scientific, often (though not always) ritually reject their former attachments to enter another phase of accumulation of symbolic gains (Bourdieu, 1981)[1].

Innovation by material associations and dissociations

From 1959 to 1965, minimalist visual artists developed their techniques and their distinct artistic practices. After Stella's series of paintings (Black Paintings) in 1959, artists associated with the minimalist movement began to radically move away from paintings. While this moment is often described as a seminal one for the minimalist movement, it is also a point of departure, a point after which painting — as a material support and as a technique (in the most traditional sense) — became problematical and was, consequently, challenged by the tenets of minimalism (Battcock, 1995)[2]. The geometric patterns of these paintings have been described as a material orpictorial influence for the tenets of minimal art (Meyer, 2004)[3]. Sculpture emerged as the movement's preferred medium, as evidenced in a series of sculptures presented by the movement's artists beginning as early as 1963. However, their take on sculpture, alone, was singular, as most minimal artist would produce sculpture that was consistent with what would more easily qualify as an installation.

Of course, the most difficult thing to negotiate is the emancipation from paintings. Minimalists evolved, particularly during their early painting years, in a period where there was a lot of interest in abstract expressionism. Apart from Stella, who re-

[1] Bourdieu, P. (1981). Questions de sociologie. Paris: Les é ditions de minuit.

[2] Battcock, G. (1995). Minimal Art.A Critical Anthology. Berkeley: UC Press.

[3] Meyer, J. (2004). Minimalism: Art and Polemics of the Sixties. New Haven, CT: Yale University Press.

mained a painter, the work of minimalism as a movement — in its core identity — implied a rejection of the conventions (Becker, 1974) of painting. Without going so far as to suggest that most minimalists were unsuccessful (or failed painters), one may note the difficulties of establishing the rationale for non-painting and non-sculpture-like sculptures. To this end, in an interview reported by art curator John Coplans (1971), Judd explains the artistic rationale that must be understood in his early work:

Through most of the fifties the dominant style was very loose painting – it was all Abstract Expressionist painting, so there was almost no idea for art that wasn't very sloshy and organic (p.19)(Judd, 1975)[1]. [...]

Two things were going on in the painting: some of the earlier ones were organic and had curves lines; secondly, they were illusionistic to some extent, and I very steadily got tired of both things and tried to get rid of abstract illusionism, but I couldn't get rid of it. (p.21)(Judd, 1975)[2]. [...]

The only possible way to move away from illusionism was to acknowledge the three-dimensionality of sculpture and get rid of painting altogether:

One of the first three-dimensional ones started off as a piece of canvas from a failed painting that I tried to turn up, but I couldn't make the canvas turn up evenly. So after a while it occurred to me to change the material and use something that would curve naturally. I threw out the piece of canvas and replaced it with galvanized iron. (Judd interviewed by Coplans, 1971, p.21)(Judd, 1975)[3]. [...]

The revelation came organically to Judd that his art was stronger than the medium. Judd finally rejected the medium of painting, not for a lack of interest and devotement, but as a means of emancipating his art from its limitation. Of course, behind the virtuousness of this artistic innovation lie the challenges imposed by a world of American paintings inhabited by a caste of artists who invested an incredible

---

❶Judd, D. (1975). Complete Writings 1959–1975. Halifax, NS : NSCAD.

❷Judd, D. 1975. Complete Writings 1959–1975. Halifax, NS : NSCAD.

❸Judd, D. 1975. Complete Writings 1959–1975. Halifax, NS : NSCAD.

amount of symbolic and cultural capital into painting. Artistic innovations are, in fact, modes of insertion in the field mediated by artistic movements as collective actions. Between 1959 and 1965, artistic innovation - attempts to renew conventions - have been articulated in socio-material assemblages: the artist introduces his art by negotiating and assembling his craft and the material conditions of his practice.

Table 1.2 The Socio-Material Conditions of Artwork

Artist	Materiality	Composition/assemblages/techniques
Dan Flavin	Fluorescent tubes; whites; colours	Space, shadows, lighting and sequences
Donald Judd	Wood, iron and Plexiglas	Space, boxes, "vertical stacks" (1965), seriality
Robert Morris	Plexiglas, wood, mirror	Space, geometric floor/wall installations
Carl Andre	Wood, bricks, tiles	Space, juxtaposition, floor sculptures
Sol Lewitt	Steel, wood	Space, serial, full/plane surfaces, and skeletal geometric shapes

The materials and their relationship to space produce specific conditions for the intended reception of the artwork. After all, it is on technical (and material) ground for the reception of his work (the clicking noise of another exhibit) that Dan Flavin withdrew from an exhibit at the Whitney Museum in 1968 (Glueck, 1968[1]). The common denominator in minimalist claims to artistic truth is not so much the fact that the geometrical patterns of installations (or sculptures) are mostly shaped as humble geometric objects, but rather that they are contained in the importance that space occupies for the reception of the art. Flavin's art, made of neon and fluorescent tubes, necessitates the presence of a wall and of a room to produce its effects, and

[1] Glueck, G. (1968). Artist, citing "noise" withdraws Whitney Exhibit. New York Times, July 25th, p. 30.

calls for gallery/exhibit room lighting to be negotiated as part of the artistic process. Andre's floor sculptures occupy walking space, and the public needs to circulate around them to appreciate the horizon created by the juxtaposition of tiles or bricks. The same goes for the works ofLewitt, Morris, and Judd.

Minimalist artists have been famous for their approach to art that values a position of object-hood that is close to the phenomenological tradition in philosophy (Battcock, 1968).[1] The controversies minimalist artists initiated were aimed at aesthetic and symbolic goods, but were also fought on technical grounds. It is the technical imperatives of emancipating art practices that, in effect, enabled the innovative contribution of the minimalist movement.

In Specific Object, Judd, (1975)[2] notes that the cluster of work associated to minimalism shared a simple, yet very common thread: three-dimensionality. In fact, the main innovation of minimalism had to do with the defence of an ambiguous position in the visual arts, where three-dimensional artwork would not be subsumed under the medium of painting, nor would it be subsumed under the conventions of sculpture. Similarly, Flavin confessed to a similar attempt to blur the boundaries of genre and challenge the canons of painting and sculpture altogether. In his auto-portrait titled ...in daylight or cool white (Flavin,1964)[3], Flavin expresses how the traditional medium of visual arts presents a certain limitation to the artistic experience. Both Judd and Flavin, who had been experimenting with painting in their early careers, had experienced some profound distaste for the principles of the visual arts of their time. The acclaimed and dominant abstract expressionism in American art was felt (and defined) as an oppressive intrusion of the artist, of the sacredness of representations in the artistic experience. As most minimalists professed, their art was against the empire of illusions.

---

❶Battcock, G. (1968). Minimal Art.A Critical Anthology. New York: Dutton.

❷Judd, D. 1975. Complete Writings 1959–1975. Halifax, NS : NSCAD.

❸Flavin, D. (1964)....in daylight or cool white. J. Meyer. Minimalism. London: Phaidon Press.

In an article written by Morris (1966), it is suggested that the new type of sculptures developed by minimalists require specific attention to the inherent qualities of the object (p.224)[1]. The links with phenomenological thinking are, again, very striking. This, of course, informs a certain ethics of exposition to arts, where the public is asked to recollect and experience their sensible relation to the artwork that is out there, accessible, and three-dimensional, rather than subsumed under the language games of representations and illusions.

Beyond the phenomenological depths, the technicality of this form of art reveals something else. To delve further into Morris's (1966) article, it is mentioned that "Control is necessary if the variables of object, light, space, body are to function" (p.234)[2]. In other words, once minimalists have established that space (exhibit space) is an important function of the art practice and of the artwork itself, and that that space needs to be controlled, it becomes more evident that such technicalities have enabling effects. If one assumes that painting is a dated medium, unfit for a technological age; if one assumes that the inherent qualities of objects suffice and are, in fact, preferable to the hanging of representations on the museum/galleries' walls; and if it is accepted that the new art — based on the materiality and the immediate presence of the object — needs to be attentive to space as it changes the experience and the reception of art, then artists retain a greater control over their work and over the exhibit process. The movement's philosophy not only adopts a stark opposition against its predecessors; it also imposes a new set of technical contingencies and constraints. Minimalism is not only a philosophical innovation, it is an aesthetic innovation that rests on a subtle shift in techniques and spaces that are strong in consequences for the relationship between artists and actors in the field.

---

❶ Morris, R. (1966). Notes on sculpture.In G. Battcock (Ed.). Minimal Art: A Critical Anthology. New York: Dutton.

❷ Morris, R. (1966). Notes on sculpture.In G. Battcock (Ed.). Minimal Art: A Critical Anthology. New York: Dutton.

New assemblages and aggregating forces: amateurs and galleries

To understand artistic movements and their innovations — as a technical mediation occurring in the workshop or workspace of the artist — is an insufficient account of the broader association that defines and constitutes an artistic movement. To understand artistic movements also means to take fully into account the dynamics of intermediary actors — those who make further associations and liaisons with the public, with amateurs, and/or with the market. Understanding visual arts also involves paying attention to the amateurs, the public of visual arts and its practices (Hennion, 2001a)[1].

From a spatial perspective, the minimalist movement was primarily a New York-based arts movement with West-coast ramifications. Nonetheless, New York galleries played an important role in the development of the minimalist movement. In particular, two New York based galleries were seminal in the diffusion of minimalist artwork. Run by Richard Bellamy, the Green Gallery offered crucial exposure to many minimalist artists such as Judd, Morris, and Flavin. As the gallery developed in the 1960s, it welcomed the work of emergent and unconventional artists. As such, the Green Gallery was more prone to supportingemerging artists than well-established, conventional artists. While the Green Gallery only operated for five years and closed in 1965, it played a fundamental part in sustaining the rise and legitimization of minimalism in the arts market (Meyer, 2004, p.45)[2].

The second important New York gallery was the Castelli Gallery. In particular, the Castelli Gallery began exhibiting the work of Stella as early as the late 1950s and early 1960s. Through the support of these galleries, minimalist work started to gained traction in the arts market, where collectors such as Giuseppe Panza played

[1] Hennion, A. (2001a). Authority as performance: The Love of Bach in nineteenth-century France. Poetics, 29(1), 75-88.

[2] Meyer, J. (2004). Minimalism: Art and Polemics of the Sixties. New Haven, CT: Yale University Press.

an essential role in the popularization of artists associated to minimalism. That being said, in the early 1960s, support for minimalist art represented a gamble for gallery owners and collectors who were experimenting with a variety of competing contemporary art forms. As early as 1964, as the Green Gallery faced some challenges, the representation of Flavin, Judd, and Morris was "handed over" to Leo Castelli (Cohen-Solal, 2010, p.278)[1].

For some artists, the limited space available to exhibit in the most prominent galleries resulted in fights with tenants of competing movements such as Pop art. It has been reported by Meyer that artists like Judd, who first celebrated the artistic critique of Pop art (especially Lichtenstein's work) as a critique of mass culture, eventually came to criticize these artists for their apparent avowal of the victory of mass culture over higher forms of art (Meyer, 2004, p.46)[2]. Between Pop art, Conceptual art, and other movements, the air in the room was rarified for minimalist artists.

Nonetheless, the place of galleries has been of a crucial importance for the development of pretty much every movement in modern and contemporary art. Galleries assemble art - they collect, they connect artworks with markets and publics, and they serve to purify (Latour, 1989). In their modes of assembling art under a single roof, collectors and gallery owners (like Castelli) play an important part in defining artistic movements and their contributions (and challenges) to the conventions of art. According to Cohen-Solal (2010), Castelli would welcome artists "under his imposing authority to impute [the] genealogy" of a movement (p.279). It has been reported from interviews with Castelli that his policy was to select "the principal artists of all movement," the "best of a kind" (p.278). By doing so, Castelli contributed to shaping the seminal and founding figures of a movement. Gallerists are, therefore, actors who, through their decisions of whose work to present in their galleries, contribute to

---

❶Cohen-Solal, A. (2010). Leo and His Circle.The Life of Leo Castelli. New York: Alfred Knopf.

❷ Meyer, J. (2004). Minimalism: Art and Polemics of the Sixties. New Haven, CT: Yale University Press.

the purifying — to the shaping — of an artistic movement by connecting artists with one anotherthrough long chains of similarities. Again, in the case of Castelli, Cohen-Solal (2010) suggests that "the ability to conceptualize the contemporary movements generated by his own artists was perhaps Castelli's greatest strengths" (p.279). It may be useful to note that even though artists like Judd, Flavin, and Morris shared a similar disdain for Abstract Expressionism — not to mention similar philosophical and technical principles vis-à-vis artistic movements — at the time they were introduced to Castelli as a "package," the broad identification of their work as being part of a recognizable totaland fully coherent movement had not been fully established. They still needed further association and mediation for their innovation to be fully identifiable and recognizable as part of a broader movement.

Furthering innovation and the definition of artistic movements: critiques

The reception of minimalism became particularly negative by the mid -1960s, and the controversies surrounding it — reactivated by the arts press and arts critiques — served to rescue the movement and give weight to many of its artists. It is through a series of critiques (and one in particular) that the specific (and sometimes disparate) conception of arts carried by minimalist artists came to possess a solid counterculture identity.

The term "minimalism" was first coined in an article produced by critic Richard Wollheim in 1965 — a term that was to be used systematically thereafter to designate the loose coalition of likeminded artists who evolved in the same arena,shared the same spirit, and, sometimes, shared friendships. While the term was initially felt to be pejorative by the tenants of the movement, it soon became a component for a collective identity construction that served to further sustain the cohesiveness of the movement. In the work of Wollheim (1965), "Minimal art" refers to a destructive movement for the arts (p.388)❶. In a devastating remark, Wollheim (1965) goes on to suggest that "[...] our principal reason for resisting the claims of Minimal Art is that its objects fail to evince what we have over the centuries come to regard as an essential ingredient in art: work, or manifest effort" (p.395)❷. The diatribes fuelled by many of the most prominent arts critics in the mid-1960s contributed to the popularity of the movement and to its conceptual sophistication. Famous art critic Clement Greenberg, for instance, was amongst those who have been more rigorously skeptical of minimalism. Similarly, and perhaps much more vehemently, art critic Barbara Rose (Wollheim, 1965) qualified the movement as "a negative art of denial and renunciation" (p.296)❸. For Barbara Rose, minimalism was too literal; it had no depth or soul. Simply put, art critics and the controversies they fuelled contributed to the identity and unity of the movement.

While there was allegedly no official manifesto of minimalism, the publication of Specific Objects in 1965 by Judd launched the principles of minimalism into the open. It announced how the project of many artists shared a similar interest in taking a strong distance from previous representational strategies. Judd' s publication strengthened the intellectual vitality of the movement and provided material for arts critiques. It was also, by a large means, a way to conceal and protect artistic creativity, and the very notions and values defended by the tenants of the movement, such as Judd — who found the association of his work with the verbal and acrimonious critiques of the whole movement unfair to the principles defended. Interestingly enough, when movements accomplish further associations and as they reach closer to the public, the communicational mediation produced by art critiques have come to be

❶Wollheim, R. (1968, [1965]). Minimal Art. In G. Battcock, (Ed.) Minimal Art: A Critical Anthology. New York: Dutton.

❷Wollheim, R. (1968, [1965]). Minimal Art. In G. Battcock, (Ed.) Minimal Art: A Critical Anthology. New York: Dutton.

❸Wollheim, R. (1968, [1965]). Minimal Art. In G. Battcock, (Ed.) Minimal Art: A Critical Anthology. New York: Dutton.

equally representative of artistic movements. With some notable exceptions, artists are seen as having little voice; it is the artists' works that become the main focus of the communicational mediation operated by the apparatus of the critique. Critiques produce modes of mediation that aim at a certain type of public: they aim at bringing artworks to amateurs along the taxonomies that amateurs of art may be more receptive to.

Making art public: Confirming innovation and ordering art in history

In 1966, the Primary Structures exhibit at the Jewish Museum of New York became a turning point for minimalism. This exhibit reunited the works of many famous artists of the minimalist movement — such as Judd, Andre, and Lewitt — andhelped legitimate the movement and its practitioners. As a result, the more established these artists became, the more galleries — like Castelli's —developed interest in the sculptures of less-known minimalists (like Lewitt or Andre) who had not already been introduced in their galleries. While these works initially presented challenges for the arts markets and arts collectors because of their unconventional characteristics (as non-painting and irregular sculpture), the critiques did a lot to establish the value and legacy of minimalism. The sober aesthetics of minimalism, and its highly intellectual dimensions, were now making their way into museums and gaining artistic and market legitimacy in the process. Curators and the technical apparatus of the museum also serve as a consolidating force in shaping the nature of artistic movements and in defining (denying or confirming) their artistic innovation and contribution to the arts.The harsh reception of minimal art made it interesting for the many high-end museums and galleries that were interested in this "esoteric" artform that spoke to a limited crowd of amateurs from the arts field. John Coplans, curator at the Pasadena Art Museum, and Brydon Smith, of the National Gallery of Canada, were among the contemporary art curators who contributed to the institutional popularity of minimalist artists.

In the late 1960s at the National Gallery of Canada, minimalism was used as a way of renegotiating the institutional project of the museum and challenging some of the long-established conventions on collections and broad orientations of the institution. The work of Flavin, for instance, was not entirely well received by the National Gallery's establishment and general director, and this round of controversy — while sparked primarily at the organizational level — was a testament to the revolutionary properties of minimalist art. Exhibiting and including art in a museum's collection also represents a number of technical mediations. In fact, many technical documents, correspondences, and instruments point to the socio-material challenges represented by Minimal art for a museum (and possibly any art for that matter). Before being added to an exhibit's catalogue, and gaining the sanctification to — eventually — serve as a material for generalist art history publishers such as Taschen, Phaidon, etc., the museum space has to accommodate and welcome the artwork on its own walls. This operation — rendering art and art movements recognizable, legitimate and visible to the public (Latour, 2005b) — is not without technical intricacies[1].

Flavin's first retrospective made by the National Gallery of Canada in 1969 is certainly a turning point in the artist's career, but it also represents a turning point for the stabilization of minimalism as an artistic movement. For curators, installation art represents a number of challenges, but these challenges are also spaces of creativity where curators re-assemble and recreate the conditions of the artwork. These two excerpts from correspondences illustrate quite saliently the socio-material dimension of curatorial practices.

---

[1] Latour, B. (2005b). Making Things Public: Atmosphere of Democracy. Boston: MIT Press.

Memorandum from a curator to an installations manager — March 1969

[...] regarding the Flavin exhibition, I would appreciate your obtaining a sample of an ultra-violet tube and fixture if we do not already have one so that [it can be] checked for harmful effects. A two foot tube would be adequate for this purpose. Also, could you obtain a manufacturer's description sheet for fluorescent fixtures, similar to the one attached for cheaper line which we saw together at the electrical wholesaler.

Memorandum from the director to the curator and to the installations manager — July 1969

[Following requests for additional funding] [...] Does the $8,000 we set aside for the Flavin Installation cover Flavin's contract? What is the total installation budget? My most serious warning is that the major exhibition for 1969-1970 is the Eskimo and Indian exhibition and that there should be no economy on its installation. If Flavin costs $13000 to install, the Eskimo and Indian exhibition should have a budget of $35,000 for installation and from here, I don't know whether this is possible. I shall be in serious trouble with the Trustees and possibly with Parliament if this emphasis does not exist.

In these excerpts from correspondences between curators, managers, and directors, the socio-material dimension of exhibits (and Flavin's exhibit, in particular) is salient. The first communication suggests these artworks are mediated by technical considerations: security, availability, tests, specifications etc. The second illustrates how technical considerations and economical concerns are also questions that influence the politics of the art. In this case, of course, the work of Flavin is seen as socially (and politically) less relevant or important than the work subsumed or reunited for the Eskimo and Indian exhibition. The point of bringing forth these two portions of communications is simply to illustrate that the mediation process at play in assembling art movements is verymuch open-ended, and as intermediaries of artistic movements and public/politics, curators and museum administrators mediate artwork through a series of devices that serve to further define the nature of artistic movements.

Discussion

For the study of Creative industries, movements (artistic movements) represent a counterpoint to the idea of School. While School is concerned with the ritual of reproduction and persistence of artistic excellence and techniques along the lines of masters and followers, movements represent more fluid collective actions in the field of art; movements represent heterogeneous assemblages of human and non-human actants reunited to contest and promote new conventions for the arts. That is to say that this association is designed promote innovation — defined by Becker (1974) as new modes of associating and using resources in a given art world. This article has sought to further develop and elaborate on the idea of artistic movement, and to illustrate how its assemblages and chain of socio-material agency is what is conducive to conventional-innovations (innovations in artistic conventions). This article's contribution is obviously modest, but some of its observations may serve to conceptualize the place of artistic movements for the study of cultural industries. The constitution of artistic movements is the result of a long chain of alliances constituted by a series of mediations and intermediary dynamics. Artis mediated in the materiality of artworks. Artistic movements attempt to introduce challenges to artistic conventions on grounds where aesthetics are not so distant from technical and social considerations.

In minimalism, what is "represented" is art itself. The modes of accession to art are made through artistic experience, according to minimalism. The true meaning of art is in techniques, perceptions, and experiences of space. As it was reported in an interview, by Michael Gibson (1987) for ArtForum, with Flavin:

It is what it is, and it ain'tnothin' else. . . . Everything is clearly, openly, plainly delivered. There is no overwhelming spirituality you are supposed to come into contact with. I like my use of light to be openly situational in the sense that there is no invitation to meditate, to contemplate. It's in a sense a "get-in-get-out" situation. And it is very easy to understand. One might not think of light as a matter of fact, but I do. And it is, as I said, as plain and open and direct an art as you will ever find. (p.105).

In itself, a challenge to artistic techniques (or modes of mediation of art) may not be sufficient to constitute a credible alternative or proposition to the art world. Challenges to artistic conventions, to be fully geared towards innovation and change, cannot be simply isolated. From the modes of mediations preferred by artists in discussing and making claims about art through their artworks, artistic movements — as hybrid assemblages — take further shape in the intermediation assured by gallery owners. Gallery owners collect and assemble artists on the basis of their art, but also assemble art on the basis of its artists. In other words, galleries mediate artistic movements through a taxonomical organization, similar to museums. Galleries purify the movements; they select key representatives and render their work — available again — for the public, for collectors, for amateurs, and, also importantly, their work are made available for a specific kind of amateur: the art critic. Critics develop the expert language that circulates in society and that becomes the basis of amateur taste and practice. What is good art? And what is good minimal art? Movements are given their ultimate innovative sanctions — their own artistic contribution to art or dépassement of former conventions — when their works of art are made public (Latour,

2005b), when the museum acquires artwork for its collection — bestowing the work-witha proverbial place in the timeless pantheon of arts and cultural history[1]. Exhibitions, biennales, retrospectives, and catalogues are all part of the apparatus that consolidates innovation — artistic innovation — as something that is historically situated and recognizable — but also something that is highly domesticated and relative to the temporality (past and future) of art history, made possible by the walls and the spatial structure of the museum.

Of course, this research possesses a certain number of limitations that impede its potential for generalization. First, some of the socio-material aspects of the artistic movement described in this article may have a lot to do with some of the specificities that pertain to Minimal art's own socio-technical conditions and practices of mediation. The association between geometry, industrial material, plane surfaces, and space to create an experience makes of Minimal art a distinctive (without being entirely singular) case. Second, some exhibit materials are not well conserved (especially technical sketches); their quality is contingent on the archival policies of arts institutions, and, more often than not, the material is scattered between many different institutions, making data collection all the more complex. In this case, for technical data pertaining to exhibits, the archives of the National Gallery of Canada were used for matters of convenience, but also because institution played a seminal rolein the rise of the minimalist movement. Nonetheless, this article acknowledges that this is a very limited, albeit informative and instructive, outlook on some of the technical aspects of exhibits and mediation in Minimal art. Finally, it goes without saying that this research is based on a retrospective outlook of the processes of assembling towards an artistic innovation. Such retrospective accounts are not without some important challenges.

Nonetheless, it is believed that the strategy, the research design, and the theoreti-

[1] Latour, B. (2005b). Making Things Public: Atmosphere of Democracy. Boston: MIT Press.

cal framework developed in this research could be a very potent place to begin further research on the question of artistic movements. It is also believed that the theorization of artistic movements represents an interesting and important phenomenon, worthy of consideration in the study of creative industries. This research hopes to have developed insights that advance theorizing of artistic movements. In particular, this article holds that the socio-material mediation and the intermediation of different actors and actants are key to understanding the constitution of artistic movements. To conclude, the study of artistic movements, in itself, represents an important and interesting point of entry to better assess and define what is meant by artistic innovation.

Chapter05

新 锐 学 者

传播学视角下新疆少数民族节庆文化的生产生活功能

解庆锋[1]
(中国传媒大学传播研究院　北京　100024)

摘要:人类学研究中的功能学派关注文化产生的功能及文化功能的实现。本文基于布朗、马林诺夫斯基的文化功能理论知识来探讨新疆少数民族节庆文化在新疆少数民族生产生活中发挥的功能,认为新疆少数民族节庆文化产生三方面的生产生活功能。结合传播学中的群体信息传播知识来讨论节庆活动中信息传播对节庆文化功能实现的作用。

关键词:农耕生产;休闲娱乐;婚恋;信息传播

引语

节庆是人类生活的重要组成部分,任何社会群体都设有被成员广泛接受、认可的节日。节日在社会群体中往往具有很强的合法性,设定的日期、程序与仪式被群体成员广泛接受,群体成员自觉地践行节庆的仪式与程序,并积极向社会群体中年幼的成员传播有关节庆仪式与内容的信息,规训年幼的成员掌

[1] 作者简介:解庆锋,中国传媒大学传播研究院传播学博士生。

握有关节日的信息，希望年幼成员在长大后能独立自主地进行节庆行为。因此节庆内含有传播的行为，借助传播，社会群体继承、延续节庆仪式与内容，使节庆涵化为社会群体生活中的一部分。节庆在社会群体的生产生活中扮演着重要的功能，成为社会群体实现文化功能的社会场域。

一、功能理论视域的节庆文化

英国人类学家布朗与美国人类学家马林诺夫斯基从发挥社会功能的视角来研究人类的行为与文化，被称为人类学研究的功能学派。功能学派对人类行为研究的目的旨在发现该行为在人类生产生活中扮演的功能，从功能的视角来解读行为的产生。人是有多方面需求的社会动物，满足需求成为人与周围环境互动的目的与内容。社会群体既要满足群体成员的需求，也要实现群体发展的目的。为满足需求，人们创立仪式或使用周围的事物，相应的仪式与事物便在这一过程中发挥了功能。“在功能学派看来，简单地说‘功能’就是‘满足需要’，就是事物与制度的‘作用’（徐杰舜，2005）。”新疆少数民族举行的各种节庆活动在满足自身生产生活需要方面发挥着多方面的功能，从而促进新疆少数民族的发展，维系少数民族的存在，满足少数民族社会性的需求。节庆活动是一种群体行为，需要依靠信息传播来组织维持群体社会活动的进行。在节庆活动中，群体的信息传播是节庆活动发挥社会功能的必要前提与条件。社会成员在节庆活动中的信息传播使节庆活动的社会目的得以实现、得以强化，借助信息传播社会成员在节庆活动中进一步强化自身的社会化进程。人类学研究的功能学派应在人类学研究中关注信息传播在人类实现需求满足、发挥人类行为功能过程中的作用。信息传播是功能实现过程中必不可少的组成部分，人类学功能学派研究也应当关注信息传播在功能实现过程中的功能，信息传播在满足人类需求方面发挥的作用也应当成为人类学功能研究的重要组成部分。

新疆少数民族节庆活动是少数民族民众在特定的地理空间满足自身生产

生活需求而进行的社会活动。新疆少数民族节庆活动在新疆少数民族民众的农耕生产、婚恋生活、休闲娱乐方面扮演着重要的功能。社会群体的需求也应该分为不同层次、不同方面,基本层次的将社会群体成员联系起来维系群体存在,较高层次的要求社会群体成员认同所在的社会群体的主张与规范。节庆活动是一种群体行为,除了满足个体的需求外,更多地满足社会群体的需求。换言之,节庆活动发挥的功能更多的是群体性的、社会性的,这也体现在节庆活动公开性、群体性的活动特点上,不像个人行为是在隐蔽性、私人性的空间内进行的。同样,新疆少数民族节庆活动发挥的功能也更多的是社会性的,当然也不排斥这些功能在某个方面是个人性的。

二、新疆少数民族节庆服务农耕生产的功能

物质生产活动是人生存与发展的基础。在马斯洛看来,衣食住行是人的最低层级的需求,而衣食住行的满足离不开人的物质生产活动。马克思主义人类学基于人类的物质生产来研究人类的行为,研究人类的文化,研究人类的观念系统。在马林诺夫斯基提出的文化八方面功能中,经济功能是其中的重要功能,且被马林诺夫斯基排在了第一位,可见服务于经济生产是众多人类学研究者对文化功能认识的较为一致性的看法。马林诺夫斯基还提出了“文化迫力”的概念,认为满足人类的吃、穿、住是直接需要的文化迫力。可见物质生产、经济生产在人类文化的构成中占据着极其重要的地位。

有关生产的节庆仪式存在于世界范围内的大多数社会群体的节庆活动之中,新疆少数民族同样如此。诺鲁孜节是新疆大多数穆斯林民族都过的节日。诺鲁孜节是新疆少数民族穆斯林为迎接春耕、新一年农事的到来而举行的节日。在诺鲁孜节上,维吾尔族民众要吃诺鲁孜饭,诺鲁孜饭是多种谷物杂粮做成,以唤起人们在新一年的农业生产中别忘记农作物的播种、生产。诺鲁孜饭也提醒人们,甜美可口的饭粥是需要通过生产劳动来获得。在生产性的节庆活动中,与生产相关的事物往往被用在节庆仪式的内容之中,作为一种蕴

涵特定意义的象征符号，来向参与仪式的人们传递某种信息，以期在参与仪式的人们身上实现某种与生产相关的功能。仪式具有唤醒记忆的功能。新疆少数民族一年一度的生产性仪式能唤醒人们头脑中有关生产的记忆，激发人们在冬闲之后重新生产的热情。

在生产性的节庆活动中，新疆少数民族民众相互拜谒、相互走访，在人际互动的过程中，人们会交流从事农业生产的知识技能，交流在上一年农业生产中碰到的问题，寻找解决的办法。生产性节庆活动是传播生产性知识的一种传播形式，生产性节庆为人们设置了一个有关生产的传播主题与交流话题，在生产性节庆的社会氛围下，生产性信息成为人们关注的焦点，生产性知识也成为人们传播的重点。生产性节庆为人们传播、交流有关生产的信息塑造了一个社会环境场域，使有关生产的信息与知识的传播交流获得广泛的社会支持。信息传播者的主动性、积极性往往需要社会氛围来刺激，需要社会群体的集体活动来增强传播的动力与勇气。新疆少数民族生产性节庆自身就包含较为丰富的与生产相关的信息与知识。

社会生产是一种社会群体的行为，社会群体的发展离不开社会生产提供的物质基础，为了推动社会群体更好地发展，社会群体通过设置生产性的节庆活动为群体成员创造一个特定的传播情境、社会场域。处于生产性节庆的传播情境、社会场域之中，有关生产性的信息便获得了更多的传播动力，集体赋权的传播情境会让身处其中的社会成员拥有更多的传播心理能量。生产性节庆活动既能让社会成员个体从这一特定的传播情境、社会场域中获益，也能帮助实现社会群体的长远利益，可见生产性节庆活动既在社会个体层面产生实际功能，又在社会群体层面产生实际功能。

社会生产是在特定的时空环境中完成的，尤其对于农业生产，时间、空间任一因素的变化都会影响到生产的实施。新疆南疆的维吾尔族居民传统上主要从事绿洲农耕，而新疆北疆的维吾尔族居民传统上虽然也从事农耕，但耕作的时间、地理环境、气候与南疆相差很大。在生产性节庆上，居住在北疆的维吾尔族居民还会过“白雪节”，在春回大地、冰雪开始融化时，人们到郊外游玩，以庆祝冬日即去、春耕生产即将来临。虽然“白雪节”与“诺鲁孜节”在形式上有所差异,但在实现唤醒人们准备农业生产方面具有近似的功能。在不同地域、不同民族,新疆少数民族生产性节庆的形式与内容可能会有所差异,但在经济功能、生产功能的实现上差异不大。社会群体往往会依据本群体的生产方式来形成有自身特色的生产性节庆活动,新疆柯尔克孜族是游牧民族,于是“马奶节”成为柯尔克孜族的一项生产性的节庆活动。生产性节庆活动的仪式可能有所差异,但每一个生产性节庆所创造的有关生产性信息的传播情境、社会场域却具有相似性,正是这种相似性才使得任何社会群体的生产性节庆的功能具有了一致性。

三、新疆少数民族节庆的休闲娱乐功能

多数节日具有休闲娱乐功能,即便在生产性节日中休闲娱乐的成分也在一定程度上存在,如在“白雪节”中人们会在郊外游玩、喝泉水,载歌载舞。在大多数社会群体的生活中,都设有专门的以休闲娱乐为主题的节庆活动。马林诺夫斯基也认为娱乐功能是文化八大功能中的一个方面。人们在繁忙的生产活动之后,需要借助休闲娱乐活动来调整自身,使自身恢复,从高节奏的生产中解脱出来,以便为下一次的生产活动储备新的能量与精力。人是社会性的动物,需要在同别人共同娱乐的过程中来调节自身的精神认知,处于各种社会关系中的人们的精神活动受到其他社会成员的影响比较大,集体的娱乐活动更助于人们放松身心,为满足人们的这种社会性需要,集体性的娱乐节庆活动便为社会群体所开创所设立。

“阿肯弹唱会”是新疆哈萨克族传统的休闲娱乐节庆活动,哈萨克民间艺人们通过弹唱比赛,来向人们展示自己的音乐才艺,在阿肯弹唱会期间,人们还会举办赛马、叼养、姑娘追等各种娱乐活动。哈萨克族民众在娱乐活动中更进一步地增进了彼此的感情,密切了彼此的关系,娱乐活动中形成的社会关系也会带入人们在其他社会场域中进行的各种社会活动。可见娱乐节庆的功能

不仅在于放松休闲，也会产生强化社会联系、增进群体交往的社会化功能。民族群体的娱乐节庆活动是民族成员都会参与的社会活动，通过这样的群体娱乐活动，社会成员能够产生群体认同，尤其是当这种娱乐性节庆活动为该社会群体所独有的时候，群体认同感是非常强烈的。群体认同往往产生于社会群体成员共同参与、有机互动的群体活动之中，而群体性的娱乐节庆活动更是让群体成员在心理上、精神上产生了非常强的愉悦感，在快乐之中强化了自身对社会群体文化的认同。

从传播学的角度看，娱乐休闲为主题的节庆活动也传播了社会群体自身的文化。新疆少数民族娱乐休闲节庆活动往往包含歌舞表演、民族体育活动，而这些活动都呈现着新疆少数民族的特色文化，向群体成员以及外界传播着少数民族的传统特色文化。无论是哈萨克族的“阿肯弹唱会”还是维吾尔族的“麦西莱甫”，都是以歌舞为主要表现形式，同时伴有乐器的弹奏。歌舞文化是新疆少数民族特色文化的重要组成部分，娱乐性节庆活动中歌舞的表演使得新疆少数民族歌舞文化在群体成员中得到一代又一代人的传承。新疆少数民族群体成员在参与歌舞表演活动中也在继承、传播、创新着传统的民族特色文化，文化只有在物质性的实践性活动中才能实现现实的存在，新疆少数民族特色文化也必须借助具体的物质性的实践活动来呈现、保存与传递，而每隔一定时间举行的文化娱乐节庆活动发挥着这一功能。文化娱乐节庆活动除了在群体内部传承、实践新疆少数民族特色传统文化，也向外界传播少数民族特色传统文化，供外界更多的社会成员了解、认识新疆少数民族的特色传统文化，让外界成员对新疆少数民族的特色传统文化感兴趣，从而实现新疆少数民族特色文化与外界其他形态文化的交流，促进新疆少数民族特色文化的时代创新，很多新疆少数民族文化娱乐节庆活动中的歌舞表演被搬上舞台在全国巡演，也被搬上荧屏在全社会广泛传播。

四、新疆少数民族节庆的婚恋功能

马林诺夫斯基提出传种是人类的基本需求,婚恋是直接需求的文化迫力。在人类社会的发展中,婚恋在生物性的基础上发展出社会文化性,婚恋文化成为任何社会群体中的一项基本文化。婚恋文化在社会群体的繁衍、发展、经济生产与社会秩序建设中发挥着重要的作用。源自西方文化的“情人节”在世界范围内流行可以显现婚恋节庆文化的价值与社会意义。婚恋在社会的发展中扮演着极其重要的作用。有关婚恋的节庆也在社会群体中以这样那样的形式存在着,婚恋节庆活动能够让参与的群体成员意识到婚恋的温馨浪漫、幸福和睦,也能在节庆活动之中促进参与活动的男女群体成员寻找到心仪的婚恋对象。

居住在新疆南疆一些农村的维吾尔居民会过“玫瑰花萨依勒节”,这个节日往往会在春耕生产忙完之后,男女维吾尔青年聚在一起,维吾尔族男青年采摘一朵玫瑰花送给心仪的女子,以表达自己的爱慕相思之情。可见“玫瑰花萨依勒节”是促进适龄的维吾尔族男女青年婚恋的节日,在现代自由婚恋的社会文化中,“玫瑰花萨依勒节”犹似一位红娘,创造了特定的时空环境,为参与节庆活动的男女维吾尔青年明确了活动意图。红娘身份的人介绍男女青年认识以促进婚配,以婚恋为目的的“玫瑰花萨依勒节”同样告知参与的男女维吾尔青年“大家参与进来是为了寻找婚恋对象”。

在自由恋爱的现代婚姻制度中,婚恋的成功需要良好的信息传播,男女双方信息传播的效果是婚恋能否成功的关键,而以婚恋为主题的节庆活动则为参与的社会群体成员塑造了恰当的信息传播情境、社会场域。维吾尔族男青年也会借助节庆营造的恋爱文化情境向心仪的姑娘传播自己的心声,并创造各种象征符号来丰富信息传播的手段,有些维吾尔族小伙“在送玫瑰花时唯恐不能表述衷肠,还附上一封情书,并插上一根麦秆,意为因相思您而自己已枯瘦如麦秆”(赵炳炎和方惠芬,2009)。婚恋主题节庆文化活动是参与的社会群体成员在不断创新的信息传播方式与信息传播形态中对婚恋人类行为的物质性实践，这种婚恋节庆活动也推动着新疆少数民族婚恋文化的适应性发展。民族群体的婚恋传播方式有其特色，维吾尔族男青年也会在婚恋节庆的舞蹈活动中通过舞蹈的姿势来向对方表达爱慕之情，女青年也会通过舞蹈的姿势来向男青年表达是否接受对方，可见新疆维吾尔族传统的舞蹈也成为男女青年在婚恋文化活动中恋爱传播的方式与手段。

除了恋爱，新疆少数民族节庆活动中也有以已婚夫妻为主角的文化活动，新疆柯尔克孜族的喀尔夏托依节，以柯尔克孜族的已婚妇女为主角，丈夫们则在活动中为各自的妻子服务，“喀尔夏托依节”的活动凸显了婚姻中夫妇的恩爱，向柯尔克孜族人传递着忠于婚姻、维护婚姻、经营婚姻的婚恋文化。新疆少数民族婚恋节庆也向群体成员传播着特定的民族婚姻价值观，形塑着新疆少数民族的婚恋文化，促进了婚恋功能在社会生产生活中的实现。婚恋节庆文化活动自身便是一种传播载体，向参与活动的群体成员传播着实现婚恋的手段、方式，以及对婚恋认识的价值观，婚恋节庆活动仪式是实现婚恋社会功能的一种信息传播形态。

五、节庆文化结构与节庆文化功能的相互适应

功能学派的另一位学术大师马林诺夫斯基在研究文化的功能时，也关注了文化的结构，与布朗将社会结构作为文化功能实现的基础的研究路径不同，马林诺夫斯基则基于文化功能实现的角度来研究文化的结构，是从发挥文化功能的取向上探讨文化结构在这一过程中发挥的作用。可见人类学功能学派的两位代表人物在探讨功能与结构的研究取向上存在着较大的差异。马林诺夫斯基强调文化是人类学的主要研究对象，也就是对不同人类社会群体的研究主要是研究该群体的文化。马林诺夫斯基认为文化的结构由三个部分组成“器物（物质）、社会组织（制度）和精神（思想）”（徐杰舜，2005）。在文化的三个组成部分的关系上，马林诺夫斯基认为“器物是基础，精神是核心，社会组织是关键和主干，起联系器物和精神的作用”（徐杰舜，2005）。马林诺夫斯基认为，

正是在与文化结构的互动中,文化的功能才得以实现。作为社会群体来满足自身需求,必须建立组织化的秩序与结构性的规范,以保证自身需求的满足。

新疆少数民族的节庆文化是基于有秩序的社会组织过程中实现的,少数民族民众在节庆活动中通过各种具体的物质性的庆祝活动来实现主题精神的生成与传播,让参与节庆活动组织过程中的少数民族民众在精神上获得集体性的价值取向、观念认知和民族归属。可见组成新疆少数民族节庆活动的各项具体的实践性的物质性的活动都在向参与其中的民族成员表达着特定的观念与意识,而这种宏大群体精神表达的实现是在群体的社会化组织过程与动员参与过程之中实现的。

新疆少数民族在节庆活动中实现节庆文化的娱乐功能、婚恋功能、生产功能,这些节庆文化功能的实现却是需要借助习惯、风俗、仪式等具体的社会组织化的制度。作为社会群体,其需求的满足往往需要制度化的社会组织过程,满足需求的制度组织化实践便沉淀出人类群体的各种各样的文化。文化在结构性的功能实现过程中得到保存、传承与发展。文化的结构要求与文化功能的实现相适应,本质上看文化结构是人们实现文化功能的过程中生成的,但随着生产生活的发展,权力的介入,文化结构可能与文化功能实现产生不相协调适应,但群体的社会组织化过程中往往会采取措施,使两者相互适应,结构性的文化活动社会组织过程是实现文化结构与功能适应的一种物质性的实践过程,这种组织化的文化实践过程沉积下来便成为文化的仪式,由此生产出一种新的具体的社会制度。

六、结语

新疆少数民族节庆文化在少数民族社会中扮演着重要的功能,起到服务社会生产活动、满足娱乐休闲、服务婚恋生活的功能。在对新疆少数民族节庆文化功能的探讨中应当结合新疆少数民族生产生活的实际,立足于满足新疆少数民族各种需求的视角进行少数民族节庆文化功能的研究。社会结构与文化结构在文化功能的实现中发挥着重要作用,应当审视新疆少数民族节庆文化功能实现中的结构性因素,发现结构与功能的关系。节庆自身便是一种信息传播形态,属于社会群体信息传播,从传播学的理论视角能够厘清节庆信息传播在节庆文化功能实现中的作用以及节庆文化信息传播自身产生的社会功能。

参考文献:

[1]徐杰舜.人类学教程[M].上海:上海文艺出版社,2005:14,16.

[2]赵炳炎,方惠芬.中外穆斯林节日集锦[M].宗教文化出版社,2009:20.

文化内容——中国文化软实力的核心竞争力

王　爽[1]

(山东大学历史文化学院　山东济南　250100)

摘要:依托于中国独特文化资源的创新性文化内容生产、传播活动是难以复制的,也是我国文化软实力构成的基础。以社会主义核心价值观为指导,以文化内容为核心,充分利用和拓展文化活动的主体和传播渠道,是提升我国文化软实力的关键。

关键词:文化内容;中国文化软实力;核心竞争力;要素;提升;文化强国

党的十七大提出"文化软实力是综合国力的重要组成部分""激发全民族文化创造活力,提高国家文化软实力"(胡锦涛,2007),"文化软实力"首次进入官方文件。胡锦涛同志在十八大报告中提出,要推动文化产业快速发展,显著提升文化软实力(胡锦涛,2012)。习近平总书记在出席中共中央政治局第十二次集体学习时强调,提高国家文化软实力,关系"两个一百年"奋斗目标和中华民族伟大复兴中国梦的实现。文化软实力、文化实力和文化竞争力频频出现在中央领导的讲话和中央文件中,国家竞争进入文化软竞争中,认识和提升我国文化软实力的核心竞争力显得尤为重要。

文化内容是国家文化实力的基础,它既包括传统文化资源,也包括现当代

[1] 作者:王爽,山东大学历史文化学院2011级文化产业方向博士研究生,师从胡正荣教授和王育济教授。

文化创造的内容,是文化传播的主体,也是构成文化影响力的核心要素。探讨我国文化软实力的提升,必须认清其核心竞争力的要素构成。笔者认为,文化内容作为文化事业、文化产业的发展基础,也是我国文化软实力的核心竞争力。尽管随着科技的快速发展,文化内容从创造、传播到享用的主体、方式、范围和内涵等都在随之发生着变化,但究其根本,文化内容始终是提升国家文化影响力和竞争力的根本。

一、文化、文化内容与文化软实力

区分以下几个概念是进行本研究的前提。

(一)文化

文化最初是泛指人类区别于动物的一切活动及成果,随着社会文明的演进,人类对它有了多种多样的解释(欧阳友权,2007)。但总体而言,"文化"的概念有广义和狭义之分。广义的文化是指人类在社会历史进程中所创造的物质财富和精神财富的总和。狭义的文化特指人类创造的精神财富,包括精神文化和制度文化。狭义的文化是社会意识形态以及与之相适应的社会制度和组织机构,包括科学技术、哲学、艺术、文学等方面的内容,也包括在特定历史时期的政治制度、经济体制、法律体系、家族结构、等级制度等制度文化(尹章池等,2014)。

本文中的文化内容涉及的文化与文化产业相同,主要是指狭义"文化"中的精神文化。精神文化是人们日常生活中必不可缺的精神需求,是社会进步中中华文明的历史积淀,是文化产业发展过程中的资源要素,更是中国文化软实力建设的基础依托。

(二)文化内容

文化内容是文化的载体呈现,这里的文化内容指的是单位或个体生产、创造出的文化内容,它依托于传统文化和社会文化,主要包括文化企业、文化事业单位创造出来的文化产品、服务,以及由普通民众创作出的文化微内容,对文化内容的界定是从事本研究的关键。

尽管传统文化生产主体从事文化生产的初衷有所不同,但它们都有一个共同目标——满足人们的精神文化需求。文化事业单位作为非营利机构,提供文化内容是为了保障公民的基本文化权力;文化企业以营利为目的向民众提供广泛的、个性化、多样化的文化内容,旨在满足差异化的文化需求。而所谓“微内容”是指由分散的网民所生产的任何内容,甚至是只言片语。也就是说,网民在互联网上留下的所有数据(痕迹),如一张图片、一条状态、一段文字、一个链接,一段视频、一篇网络日志等,甚至是一次点击都可以被称作微内容(王爽,2013)。

(三)软实力与文化软实力

“软实力”的概念最早由哈佛大学教授约瑟夫·奈于1990年提出,他把一个国家的综合国力划分为两种——硬实力和软实力(约瑟夫·奈,2005)。按照约瑟夫·奈的说法,软实力就是通过吸引而非强制或利诱来达到目的的能力,包括文化的吸引力、制度的吸引力和国际话语权能力。自此,各国学者和政界开始越来越多地关注和从事“软实力”的研究和探索,普遍认为,软实力与军事、经济等硬实力同等重要,彰显着一国的综合国力,决定了一国的国际地位、影响力和话语权。

中国学者在运用软实力这一概念时,更加突出文化在软实力中的地位和作用,强调“文化软实力”(张国祚,2014)。这不仅是因为文化是人们生活、社会进步和国家发展中不可或缺,更因为文化力本身就是一种软力量。离开文化谈软实力,是空洞的、毫无价值的。可以说,文化是软实力的核心要素,拥有厚重文化底蕴的文化内容比国家制度更具有柔性的力量,可以起到无孔不入、不可抗拒的说服力和影响力。因此,笔者认为,文化软实力主要是指一个国家或地区基于文化而具有的凝聚力、生命力、创新力和传播力,以及由此而产生的感召力和影响力。

二、中国文化软实力现状

当前，世界正处于一个信息爆炸的互联网时代，互联网充分发挥其跨越时空限制、低成本的实时互动传播功能。各国都以此为契机更加重视文化软实力的建设。中国无论从理论到实践，从国家层面到文化企业的涉外活动再到普通大众“中国梦”的构建，都呈现出文化软实力的蓄势而发、腾飞而起的态势。总体而言，中国文化软实力的建设现状主要表现在以下几个方面。

（一）国家层面充分重视、细化举措，体制局限依然存在

自党的十七大首次将“文化软实力”列入官方文件以来，我国对文化软实力建设的重视程度也日益加深。具体表现为从认识到列入国家发展战略的重要组成部分，习近平总书记稳固“根基”的大思路（主要包括“一条道路”“一项改革”“四个自信”“四种形象”“树立四观”）[1]的提出，表明我国针对文化软实力的建设正走向逐步细化举措阶段。成立有中国文化软实力研究中心，从事文化软实力理论和实践研究。2003年至今，中国文化体制改革主要完成了文化事业单位的企业转制工作，从细微之处克服了转企过程中的种种困难。但科技的发展、社会的进步，为文化发展带来了新的生存状态。尤其是文化产业的快速发展，文化与科技、金融乃至第一、二产业之间的融合，为我国文化体制带来了前所未有的挑战。现有体制的局限性主要表现在：相关部门和政策推动力不足和门槛限制上。例如，文化资源的数字化进程就需要国家以项目招标、资金辅助等方式促成和推动；文化金融在我国还处于探

[1]“一条道路”，就是“要坚持走中国特色社会主义文化发展道路”。“一项改革”就是“深化文化体制改革”。“四个自信”，就是“我们要坚定理论自信、道路自信、制度自信，最根本的还要加一个文化自信”。“四种形象”，就是文明大国形象、东方大国形象、负责任大国形象、社会主义大国形象。“树立四观”，就是树立和坚持正确的历史观、民族观、国家观、文化观。

索阶段，这就需要政策上减少限制、鼓励金融机构探索适合文化产业发展的新模式等。

（二）文化资源力未能充分转化为文化软实力

中华文化博大精深、源远流长，按照其发展阶段可以分为原始文化、殷商西周文化、春秋战国文化、秦汉文化、魏晋南北朝文化、隋唐文化、宋辽夏金元文化、明清文化、现当代文化。其中不同时期的文化又包含着丰富的文化内涵，如远古时期的神话传说、春秋时期的孔孟儒家文化等、佛教文化等。但这些丰富的文化资源并没有得到充分合理的利用，主要表现在：首先，忽视文化资源的传承性，涸泽而渔的开发方式只能得到短期回报，但破坏了文化资源的可持续发展；其次，部分文化产品的开发中忽略了文化资源原有的意蕴，破坏了资源的本原性和艺术性；再次，忽略了部分本该重视的文化资源的价值，尤其是那些需要长期投入却没有即时效益的资源。最后，也是最重要的一点，在对文化资源进行传承和开发过程中未能充分顾及其社会效益。

（三）文化产业竞争力不足阻碍文化内容转化为文化软实力

文化产业的快速发展为文化软实力注入了新鲜血液，但文化产业竞争力不足以促使文化软实力血脉畅通。发展文化产业不仅可以创新传统文化资源在新时期的生存和传承方式，还可以为社会创造经济效益。然而，我国文化产业竞争力的构建还比较薄弱。文化产业竞争力主要包括文化产品创造力和影响力、文化企业营销力、文化消费力等。文化产品的创造力主要是指文化创新能力，目前我国总体上还没有摆脱“中国制造”的模式。文化产品影响力是指文化产品的形象以及在同类产品中的地位。我国文化产品多数只看销路和短期收益，对文化品牌的开发和巩固不够重视。新媒体时代文化产品营销的载体和方式发生巨大变化，文化企业在营销过程中对市场和媒介细分的能力不足，往往导致其无法及时找到有效的营销方案。目前我国文化消费需求加大，但对文化消费的深度发掘还有待增强。

三、以文化内容为核心竞争力提升我国文化软实力

文化软实力的提升离不开文化产业的发展和优秀文化的传承和发扬。与国家硬实力一样，对文化软实力的分析也应当从源头说起，对于当代中国文化软实力而言，以丰富文化资源为基础的文化内容是文化软实力构建的源头，文化外交、文化贸易、文化交流活动是文化内容实施影响力的渠道，全体民众都是文化软实力的主体，国家作为提升文化影响力和感召力的坚强后盾为我国的文化活动指引方向，融合发展是文化及相关产业未来发展的大趋势。

（一）文化内容是基础

文化生产区别于其他生产的关键是文化内容，如果没有文化内容，所谓的产品就不能被称为文化产品，文化服务也会变成简单的劳务。文化内容作为文化软实力的源头，是我国文化软实力的核心竞争力。任何文化资源本身，如果没有被发掘，没有得到人们的主观创新呈现，它也就仅仅是我国历史长河中的一件事、一种思想乃至一个传闻而已。这样的文化资源就其传承性而言都是有问题的，更何谈为我国文化软实力建设“添砖加瓦”？文化无论以什么样的形态存在，它总是在创新中传承、传承中创新，生生不息、代代相传。文化的这种创新性再生产活动的实质就是文化内容创造和传播活动。女娲补天的神话传说不正是因为人们不断地以各种方式（神话传说、影视剧等）重新演绎而流传更为久远吗？

如上文所述，文化内容包括文化事业和文化产业主体生产的文化内容，以及互联网时代的大众微内容生产。文化产业的文化生产内容必须具备文化性，但作为市场流通的内容，又必须具有大众性，因此文化内容是文化性和大众性融合的产物。但究其根本，文化产业和文化事业单位的文化生产活动，都必须首先符合社会效益的目标。这里的社会效益不仅是对内人们的精神文化需求得到满足，也包括对外传播和呈现中华文化的内涵。以强劲的文化生

产创造力增强我国文化内容对内对外的吸引力和传播力,正是提升我国文化软实力的首要任务。网民的自主文化内容创作和传播活动,不仅是人们个性化创新能力的体现,更应该以中华民族主人翁的意识创作和传播中华正能量,从这个意义上,网众文化内容的创作和传播活动,有利于推动文化软实力的构建。

(二)传播渠道是保障

互联网被广泛应用之前,文化在世界范围内的传播主要有三种方式:文化外交、文化贸易、文化交流活动。这三种文化传播方式多以国家机关或组织为主导,文化外交是以文化为纽带进行外交,是政府通过艺术、教育等活动,向他国传输本国的文化精神、价值观、政治理念等的活动;文化贸易的主体多是文化企业,属于文化产业发展的范畴,以获取经济效益为主要目的,同时达到文化传播的社会效益;文化交流活动可以分为官方组织和民间自发组织两种,二者的目的是相同的——传播文化内容,扩大文化感知和影响力。中国文化走出去要坚持交流和贸易并举,推动我国文化产品和服务出口的同时,也应当加大文化企业的海外投资,如在海外建设书店、影院、剧场、电台、电视台等传播渠道保障文化内容能够落地。

互联网普及后,官方和文化企业从事文化传播活动又多了一个便捷的平台,同时,网民的个体性能被扩大,每个网民都可以实时地、无限制地在互联网上传播文化信息,全民参与成为当代文化传播的主旋律。当前,传统媒体、户外电视以及以电脑和手机为终端的互联网新兴媒体组成了多条文化传播渠道,三网融合更加速了文化传播的基础设施建设。但无论哪种方式、无论是为公益还是为利润,传播渠道都是文化传播活动和文化软实力建设的保障。扩充出版发行、电影院线、演出院线、广电传输系统等传播渠道,以扩大文化内容出口规模和适量的同时,鼓励文化企业海外投资,促使中国文化走出国门。通过使文化传播渠道畅通,保障文化传播对内、对外的影响力,是以文化内容为核心的提升我国文化软实力的重要举措。

(三)文化组织和全体民众是共同主体

如上文所述,互联网普及后,全体网民与文化组织(官方组织与文化企业)共同构成了文化传播的主体,它们的文化活动轨迹就是文化软实力建设的渠道和保障。同样的,全体网民也是继文化事业单位、文化企业之后的另一种重要的文化生产和文化消费主体。网民参与文化生产主要是"DIY微内容"生产,在互联网时代,网民的文化活动将文化生产、传播和消费之间的界线模糊化,三者往往相融在一起,难以区分哪一阶段是生产,哪些阶段是推广和消费。网民文化活动本身就同时包含着这三个过程。所以说,文化事业单位、文化企业和从事文化活动的网民共同为满足人们的精神文化需求努力,在无时空界限的互联网时代,三者将共同承担起传播中华文化的重任。

(四)国家是引导和后盾

国家和政府机关首先是文化组织和个人从事文化活动的坚强后盾。国家为文化组织和个人提供良好的生存环境,包括经济环境、社会安定、政治环境等,经济基础作为硬实力为人们的基本生活提供保障,为组织和个人从事文化活动提供经济支持;安定的社会环境为文化活动提供可能,也更能激发人们的文化热情;良好的政治环境对文化活动的进行有推动作用,这不仅表现在国家的政治、财政、政策支持,还表现为鼓励和引导文化交流和推广活动,如将社会主义核心价值观作为我国文化发展的核心指导思想,自2008年起中央财政设立文化产业发展专项资金2亿元,至2014年则高达50亿元(高书生,2014),"十二五"规划鼓励和引导社会资本参与文化产业,社会力量提供文化产品和服务进一步解放文化生产力等。

网络环境下的碎片化传播不利于社会主义核心价值的传播,不利于公众形成优良的价值观和道德观,这就需要在网络传播中充分发挥舆论引导和议程设置的功能。传统媒体传播中起主体作用的是政府和媒体自身,在网络媒体环境下,受众本身、意见领袖、网络推手等都可以主导信息走向。就效果而言,网络媒体环境下“沉没的螺旋”失效,“蝴蝶效应”日益突出,“把关人”角色弱化。这就需要:第一,充分发挥意见领袖在网络社会中的意见引导作用;第二,不可忽视个别网民对敏感或争议问题的意见,以免带来恶性“蝴蝶效应”;第三,规范网络推手的工作原则,提升网络推手的基本素养;第四,通过政策法规、自律和教育等手段,恢复网络媒体“把关人”的作用,为良好的网络传播环境保驾护航。

(五)融合发展是大趋势

文化与科技的融合为文化内容的生产和传播、文化产业发展和文化软实力建设提供了强劲的动力。文化传承与传播离不开科技进步,每一次科技革命都会因其文化内容生产方式的深刻变革。在原始社会,文化创作和传播方式主要是口口相传;文字和印刷技术诞生以后,生产者可以通过纸质记载、发行等方式进行文化创作和传播;电子传播技术的发展使文化生产和传播开始依靠广播、电视等大众传播媒体;数字技术的发展使用户文化生产和互动文化生产的模式诞生。文化产业是内容加载体的产业,科技创新在文化产业的广泛应用对文化产业结构调整、催生新业态有着较强的促进作用,有利于增强文化产品的感染力和传播力(蔡武,2012)。范周教授将文化与科技融合的历史划分为文化产业的工业化发展阶段、产业化发展阶段和全球化发展阶段(范周,2014),当前我国文化发展正处于互联网环境下的全球化发展阶段,文化传播对科技的依赖程度日益增强。网络技术、信息技术、通信技术、数字技术的发展,为互联网普及奠定了技术基础,也催生了文化行业新业态、文化传播的新渠道,如网络视频、数字音乐、网络游戏、网络文学、数字素材库、数字图书馆、博物馆等。移动终端发展使网络文化活动更加便捷和个性化,有助于拓展网民的文化创新能力和范围。除此之外,文化与旅游业、农业、工业等的融合有利于这些行业增强自己的品牌力量,拓展市场范围,形成更广泛的影响力。

文化内容是我国文化软实力的灵魂,没有内容的文化资源是空洞的、乏力的，难以达到文化感召效果的。以文化内容为核心，以文化活动为渠道，以全体文化组织和网民为主体，以国家为后盾和引导的文化内容传播活动，必将我国文化软实力提升到一个新的台阶。

结语

中华民族拥有丰富的文化资源，充分传播和利用这些资源，对于我国参与激烈的国际竞争、建设社会主义文化强国有重要的意义。2011年10月18日中国共产党第十七届中央委员会第六次全体会议审议通过的《中共中央关于深化文化体制改革、推动社会主义文化大发展大繁荣若干重大问题的决定》中最大的亮点就是提出建设“文化强国”长远战略，其具体内涵表现在以下三个方面：①文化生产力，即文化创造、生产和传播的能力；②文化影响力，表现为对内的文化自信以及对外的文化吸引；③文化软实力（范周，2014）。习近平总书记在中共中央政治局第十二次集体学习时强调建设社会主义文化强国，着力提高国家文化软实力。要弘扬社会主义先进文化，深化文化体制改革，推动社会主义文化大发展大繁荣，增强全民族文化创造活力，推动文化事业全面繁荣、文化产业快速发展，不断丰富人民精神世界、增强人民精神力量，不断增强文化整体实力和竞争力，朝着建设社会主义文化强国的目标不断前进。

加速我国建设社会主义文化强国的进程是关系国计民生的大事，在互联网日益发达的今天，充分发挥政府指引和政策保障的服务职能，文化事业单位和文化企业以满足国人丰富的、个性化的、广泛的文化需求为己任，大力发展文化事业和文化产业，在形成对内文化自信的同时，扩展我国文化内容的国际传播。互联网时代是全民自学的时代，也是全民创造的时代，网民大众的创造力和传播力是不可小觑的，众多已经发生或正在发生的网络事件就是力证。但在网民力量的背后也存在着双面性，网络谣言、网络人肉搜索等事件造成的不仅是对当事人或单位的损伤，它也警示着我们，如果对互联网的应用缺乏必要的主体自觉性、行业规范和监管,网络也可以处处是陷阱,更何谈将之为我所用? 尽管存在这样那样的问题,互联网世界是人类社会发展的大势所趋,也是我国文化内容创造和传播的生力军。因此,如何有效规避网络带来的弊端,引导和规范网站本身的运营以及网民合法、道德的网络行为,将是互联网时代提升我国文化软实力的又一重要议题。

总之,文化内容是文化事业、文化产业发展的根本,也是网民参与文化活动的主旨意义,它自然也就构成了我国文化软实力的核心竞争力。以文化内容为核心,认清文化软实力构成的主体、渠道、保障和发展趋势,对于我国目前的“文化强国”战略是十分必要的。同时,以文化内容为核心竞争力的文化软实力建设也有利于反哺文化资源、文化形态,因此构建文化软实力的历程也是文化积淀的过程。因此,一定意义上,以文化内容为核心竞争力的中国文化软实力建设是一个良性的循环系统。

参考文献:

[1]胡锦涛. 高举中国特色社会主义伟大旗帜为夺取全面建设小康社会新胜利而奋斗——在中国共产党的十七次全国代表大会上的报告[M]//中国共产党第十七次全国代表大会文件汇编. 北京:人民出版社,2007:32.

[2]胡锦涛. 坚定不移沿着中国特色社会主义道路前进为全面建成小康社会而奋斗[R/OL].(2012-11-08)[2015-12-22]. http://cpc.people.com.cn/18/n/2012/1109/c350821-19529916.html.

[3]欧阳友权. 文化产业概论[M]. 长沙:湖南人民出版社,2007:1.

[4]尹章池. 文化产业概论[M]. 北京:北京大学出版社,2014:2.

[5]王爽. 互联网与文化生产变革[J]. 学术论坛,2013(12):180.

[6]约瑟夫·奈. 硬权力与软权力[M]. 门洪华,译. 北京:北京大学出版社,2005.

[7]张国祚. 中国文化软实力发展报告2013[M]. 北京:北京大学出版社,2014:22.

[8]高书生. 感悟文化改革发展[M]. 北京:中信出版社,2014:45.

[9]蔡武. 加快推动文化产业跨越式发展[J]. 传承,2012(23).

[10]范周. 中国文化产业新思考Ⅱ[M]. 北京:光明日报出版社,2014:10.

[11]范周. 中国文化产业新思考Ⅱ[M]. 北京:光明日报出版社,2014:79-80.

对"一带一路"文化产业布局的思考

杨剑飞[1]

摘要:"一带一路"范围广阔,涉及国家众多,文化建设极具特殊性。依托"一带一路"文化发展文化产业,做好产业布局是关键。以"共建共享"为原则,紧抓文化产业"人群消费性""技术趋近性"和"社会效益性"规律性现象,做好文化梯度开发,通过跳棋式开局、围棋式布局、矩阵式博弈,共建"利益多赢"的"一带一路"文化产业带,助力我国社会主义文化强国建设。

关键词:一带一路;文化产业;布局;多赢

经过多年发展,我国文化产业取得了引人注目的成就,但是多年的文化实践也暴露出我国文化产品缺乏历史底蕴"难以拔高"和"缺乏国际语言表达"的窘境,国际共鸣不足的文化产业态势难以满足我国建设社会主义文化强国的发展需求。

"一带一路"战略的实施正在有效改善这种状况。与以往提出的区域经济发展战略不同,"丝绸之路经济带"和"21世纪海上丝绸之路"不仅具有地缘优势,而且具有深厚的历史文化积淀。两千多年历史的丝路文化,具有与世界融合、与商品结合的特点。它既是东西方进行文化交流的主要通道和贸易商路,也为沿线国家发展文化产业提供了巨大的资源宝库和历史基础。"一带一路"

[1]作者简介:杨剑飞,中国传媒大学文化发展研究院综合办公室主任,助理研究员,传媒经济学博士,立陶宛哥迪米纳斯理工大学创意产业系学术委员会委员。

沿线国家众多，民风各异，文化多元，丰富的文化资源类型也决定了其文化发展的多样性，不同的经济结构状况和发展速度也决定了在此区域中文化产业发展的多元性和不同步性。因此，在经济新常态下发展“一带一路”文化产业需要做好布局。

一、“一带一路”文化产业布局的制约因素分析

产业布局是指产业在一国或一地区范围内的空间分布和组合的经济现象。在静态上看，产业布局是指形成产业的各部门、各要素、各链环在空间上的分布态势和地域上的组合。在动态上，产业布局则表现为各种资源、各生产要素甚至各产业和各企业为选择最佳区位而形成的在空间地域上的流动、转移或重新组合的配置与再配置过程。[1]

不同于一般的产业布局，文化产业以其意识形态的特殊属性带有自身的发展特点。尤其是“一带一路”地域广泛，各类生产要素错综复杂，这为我国“一带一路”文化产业的布局带来了极大的挑战。

（一）时空跨界大

不同于“藏羌彝文化产业走廊”全部位于中国境内，“一带一路”横跨三大洲，辐射范围远远超出中国领土。以陆上“丝绸之路经济带”为例，东起亚太经济圈，西至欧洲经济圈，横贯亚欧大陆，涵盖中国、俄罗斯、中亚5国、南亚7国、西亚16国，共30个国家。沿线各国总人口近30亿，经济总量达16万亿美元，分别占全球的43%和22%。广阔的辐射范围和巨大的人口资源，为文化产业的布局提出了巨大的挑战。

（二）政治经济文化风险大

“一带一路”沿线区域民族众多，宗教各异，文化多元。在这个区域内，沿

[1] 参见互动百科“产业布局理论”。

线各国在国家规模发达程度、历史传统、民族、宗教、语言等方面差别巨大,利益诉求不一。各个国家的安全、政治稳定性、政府效能、法律和监管环境、宏观经济风险、外贸及支付问题、金融风险、税收政策、劳动力市场、当地基础设施水平、文化折扣现象,文化贸易壁垒等一系列风险都会对“一带一路”文化产业的发展和布局造成重大影响。尤其是不少国家对外部思想文化渗透比较警惕,对国际文化交流较为敏感,各国开放程度不一等将严重制约“一带一路”文化产业的全面发展。

(三)文化管理体制多样

“一带一路”国家社会制度各异,不少属于转型国家,文化制度还在完善当中。总体而言,各国文化体制的不同,尤其是在文化行政管理体制、文化经济管理体制和文化意识形态管理体制等方面的差异,为文化产业合作发展形成了极大的障碍。譬如:一些国家认为,文化意识形态管理体制涉及关于文化产业与意识形态关系的认识,事关国家文化安全的核心利益,所以在文化产业的开发度和文化市场的准入上进行了严格的限定。例如,哈萨克斯坦,对文化市场和文化项目表现出极大的政治敏感性。

(四)遗产资源同质化明显

“一带一路”沿线文化资源丰富,尤其是丝路特色文化遗产资源优势明显。以国内段为例,丝绸之路沿线地域出土和流传了大量雕塑、壁画等门类齐全、各具特色的艺术珍品。规模宏大的古城,形制各异的宫殿,庄严肃穆的陵墓、神殿、寺院和石窟等各种建筑遗迹遍布丝绸之路沿线各地,尽展建筑艺术的民族个性和时代风貌。丝绸之路沿线各国共计拥有200项世界遗产,是世界遗产分布最为密集的线路。各种古文字异彩纷呈,舞蹈、音乐、绘画等文学艺术作品数不胜数。[1]这些丝路文化的宝贵遗存凝聚着千年的人文精神,蕴涵着中国人朴素的哲学观念和美学思想,同时也兼容了西方文化

[1]参见百度文库《丝绸之路》。

的豪放与求实,成为后人取之不尽、用之不竭的文化宝库(米高峰和刘晶莹,2011)。但是,丝路文化区域化特色明显的同时也在内部形成了极高的同质性:南亚诸国在文化遗存上,不论是建筑风格还是宗教艺术,或是餐饮习俗上都比较相近。又如,在丝路文化中占有重要地位的佛教文化,其在各国的遗存也有着较大的同质性。因此,如何保护、开发、并差异化地利用好这些宝藏,使丝路文化的夺目光芒在现代社会重新绽放,又能体现出中国文化特色,同时又兼顾到各国的优势产业开发,是“一带一路”文化产业发展与合作的重要目标。

(五)文化品牌经济效益不足

多年来,我国与“一带一路”沿线国家政府间签订文化合作协定和年度执行计划,在法律框架下丰富多边人文合作内容。截至目前,我国与“一带一路”沿线的59个国家签订了文化合作协定,签定执行计划282个,与61个国家政府间开展了高层访问,互访活动多达400余次,已经与“一带一路”沿线国家建立了稳定和牢固的官方文化交流平台。以“欢乐春节”为例,2014年“一带一路”沿线有16个国家30个城市参与举办。伊朗、土耳其等7个国家首次举办“欢乐春节”活动,在亚非地区主流社会引发高度关注度。但是总体上而言,由于沿线国家均属于发展中国家,其文化经费有限,尽管热情很高,这些文化品牌始终难于转化为实际的文化项目效益。因此,在“一带一路”文化产业的布局中,如何推动有效的顶层设计和联合开发,将品牌转为效益,使“送文化”变成“要文化”至关重要。

二、文化产业布局的规律性现象与“一带一路”

文化产业是一种特殊的产业形态,具有政治的、经济的、社会的、意识形态的和文化精神消费的等多重属性,“一带一路”文化产业布局的特殊性决定了它不同于纯粹产业经济学意义上的发生和发展规律。相对于传统的产业的布局规律,“一带一路”文化产业布局具有明显的“大城市依附性”“技术趋近性”和“社会效益性”。

(一)大城市依附性

纵观“一带一路”文化产业发展的重点区域,最显著的特点就在于其对消费人群的要求。不同于传统产业,譬如石油开采,可以在荒漠油井附近凭空形成一个产业群落。文化产业所提供的产品最终是为了满足人们的精神消费。一盒录影带可以创造上亿元的经济价值,也可能体现出的仅仅是它本身的制造价值,关键就在于其承载的内容是否得到了充分的消费和社会的欢迎。

从国际文化生产发展轨迹来看,往往国际大都市是文化产业最为集中的地方和文化影响力最为强劲的地方,而这些地方都是人口密集和消费市场广阔的地方——越是人口聚居的地区,也往往是文化产业布局的集聚区。

从国内丝绸之路发展的地缘角度来看,西安、兰州、银川、西宁四个城市的文化产业明显发达于周边城市,而作为打造为西部千万人口的国际大都市的西安,不论文化产业的规模还是文化消费市场都是首屈一指的(表1)。

表1　西北四省文化产业增加值对比

城市	文化产业年增加值 (单位:亿元)	备注
西安	436.95亿元	2013年数据
兰州	34.4亿元	2014年1—9月数据
银川	15.50亿元	2011年
西宁	21.63亿元	2010年

注:由于各地统计工作的不同步,无法进行统一年份的对比。

可见,人群消费的集中性决定了文化产业的集中度,从而有利于文化生产力的集约化发展。文化产业的集中集聚,将更加有效地实现对各种文化资源的优化配置和有效利用，也有利于形成对各种文化资源的吸纳能力和对外辐射能力，提高创意能力，节约文化资源的流通成本。

大城市经济发达，人群集聚，消费市场广阔。优越的历史文化条件有利于形成新的文化产业增长级。同时，大城市良好的区位和人流基础，有利于建立不同的文化产业功能区，从而形成各种文化资源合理配置的最佳产业结构，有利于形成良性的文化产业发展的生态群落。因此，从此意义上而言，重点城市将是“一带一路”文化产业布局的重要起点。

（二）技术趋近性

文化产业空间布局的第二个规律性现象就是技术趋近性。当前文化产业的发展具有明显的科技特色。从近些年文化与科技融合的发展趋势来看，现代科学技术力量高度集中的地方最容易产生新的文化形式，也更容易使用新的文化表达手段。由于对科技的严重依赖，现代文化产业布局不可能在生产力水平低下的区域获得自己发展的合理性与合规律性。以我国电影产业为例，3D和IMAX技术实施多集中在一线城市，三线乃至有些二线城市的影院建设尚无法达到相应的技术要求。因此，对于“一带一路”文化产业的布局，在不同的区域应实行不同的文化产业布局，发展不同的产业门类。譬如，在新兴大城市中，数字传媒、动漫等产业的发展与合作空间较大；而在一些发展速度较慢，传统文化遗存较多的地区，传统文化产业的发展可能更容易落地生根。以印度为例，由于其国土大部分还属于农村区域，现代化文化科技手段还不是很普及。因此，当外界数字传媒业如火如荼地发展的同时，印度农村地区的传统出版业也以极快的速度在增长，根据印度传媒产业的相关统计，印刷业今后5年的年均增长率预计为8%，成为“数字时代传统媒介逆市上扬”的重要案例。这也为“一带一路”文化产业的布局作出了注释：文化产业布局，既要考虑产业特色，更要与当地发展水平和消费能力相结合。

(三)社会效益性

社会主义文化强国背景下的文化产业重点在于“经济效益”,但是其灵魂却依然是“社会效益”。文化产业的合理布局,是实现文化资源经济转化的效益目标和“资源公平共享”的社会目标的有机统一,有利于最大限度地克服文化产业布局过程中的盲目性和趋同性,以及由此造成的重复建设、资源浪费和恶性竞争,确保文化产业布局能够同区域文化产业发展中合理的文化利益关切一致起来(胡惠林,2005)。

我国积极推进“一带一路”文化产业建设规划,其目的之一就在于通过良好的顶层设计,实现文化资源集约化开发,实现多个层面的共赢。然而,就“一带一路”内部分区域文化产业的发展情况来看,“资源公平共享”的社会效益尚未实现。譬如在丝路文化产业项目开发上,我国多个地市就举办相关的博览会、艺术节,项目同质性高,在国内已经形成了比较严重的恶性竞争。同样的,在国际上,我国的敦煌石窟与斯里兰卡阿努拉特普拉石窟具有异曲同工之妙。如何通过合作机制实行佛教文化的特色开发也是两国挖掘丝路文化、发展特色文化产业的重要命题,这是合作共赢,而非“零和对抗”。

三、“一带一路”文化产业布局的战略导向

当前,我国文化产业发展正处于产业结构战略性调整和发展阶段,具有明显转型期的特点。“一带一路”文化产业的发展,将有力地推动我国文化产业结构的优化升级,有利于推动文化交流与文化产业实现整体性混合推进。因此,“一带一路”文化产业的布局既要考虑到区域的风险性因素,也要关注其发展的基本规律,从中探索合情合理的布局导向。

(一)打造特色产业与“跳棋式”开局

各地区文化资源禀赋上的差异是影响一个地区文化产业和文化企业可能

获利空间的重要因素,进而制约着文化产业和文化企业的地区选择,因此,文化产业的布局必须从具有比较优势的区域特色文化产业着手,通过“跳棋式”的布局,重点培育和发展优势产业资源或者特色项目,使之能够在较短时间内形成集聚效应,成为区域文化产业的高地或者标志性成果。

1. 特色文化产业的培育

从不少地区文化产业发展的历史进程来看,特色文化产业是最容易形成良性的文化生产、文化消费和文化流通互动的产业门类。特色文化产业在发展中,容易形成核心竞争力。因此,“一带一路”文化产业发展中不论是对外还是对内,都应该紧抓本地特色资源,因地制宜,通过制定倾斜性产业政策,把产业政策和地区政策有效地结合起来,集中力量培育特色文化产业,积极打造文化产业核心区域,以形成明显的“扩散效应”,构建核心文化产业的竞争优势。

2. 优势项目的突围

文化产业增长不可能以相同强度和速度在每个地区同时发生,而是首先集中出现在某一点或某几点上,通过在点上的能量集聚,然后再通过他们的吸引力和扩散力,在不断扩张自身规模的同时向外扩散,进而对整个区域文化产业发展产生不同程度的最终影响(胡惠林,2005)。

在这其中,就必须特别强调优势文化项目的抓手作用。就以上两个层面而言,我国发展“一带一路”文化产业,重在寻求具有丝路文化特色的优势产业和优势项目,并以此为突破点带动区域文化产业的发展。当前,我国互联网文化产业发展迅速。中国互联网网络信息中心数据显示,截至2012年12月底,我国网民规模达5.64亿,互联网普及率达42.1%。据移动互联网第三方数据挖掘和整合营销机构艾媒咨询发布数据显示,2013年,我国移动互联网市场产值将突破千亿元大关,达到1050.2亿元。因此,紧抓我国互联网优势,大力发展以“互联网+”为特色的现代文化产业,这将是我国进行“一带一路”文化产业发展的重要优势产业。

(二)全面推进与“围棋式”布局相结合

“一带一路”范畴内布局文化产业,既要考虑产业的效益问题,更要考虑到其在政治宗教文化等方面的特殊性。因此,在推进“一带一路”文化产业的建设方面,需要树立“围棋式”布局思想。

围棋是以双方占地的多少来决定胜负的。就“一带一路”文化产业而言,就是要占领文化市场,赢得消费群体的喜爱。“围棋式”布局,关键在于在争夺文化消费者的大棋局上积极布势,积极抢占文化市场。

就国际文化产业发展的态势而言,整体经济发展水平与文化产业发展水平成正比关系,从经济意义上而言,世界文化产业格局也存在着“文化梯度”,文化产业的空间发展也是从高梯度地区向低梯度地区推移。以我国文化产业发展格局而言,对应着经济态势东中西的三种发展层次,文化产业也呈现出明显的梯度变化。

“一带一路”沿线国家众多,发展程度不一。发展丝路文化产业带,既要考虑国内沿线省份的产业升级,也要关注与国外沿线丝路文化的互动和产业的共同开发。在这个过程中,平均用力是不合适的,通过综合各种政治经济文化要素,在推进文化产业发展的同时,必须从现实的梯度布局出发,优先发展成熟的文化高梯度地区,充分挖掘丝路文化的历史内涵,不断开发文化新产品和新业态,将其演绎为新的产业优势和经济效益,然后再逐步从高梯度地区向中梯度和低梯度地区推移,从而逐步实现文化产业发展的相对均衡,实现丝路文化发展的国际共赢。

在这一过程中,随着高梯度地区丝路特色文化产业快速发展的同时,文化生产分布上必然会产生两种趋势,即生产向某些地区集中的极化趋势和生产向广大地区分散的扩展趋势。前者受极化效应支配,后者受扩展效应支配。根据这一原理,处在高梯度的地区,文化产业要不断创新,建立新企业,创造新产品,保持文化技术上的领先地位。处在低梯度的地区,则要大力发展具有较大地域优势的文化产业门类,赢得比较优势。

(三)建设文化产品体系与“矩阵式”博弈

当前,“一带一路”沿线地区对发展丝绸之路文化产业热情很高。丝绸之路经济带沿线各国文化市场开放程度和文化贸易增速不断提高。在文化产业布局方面,注意多重利益方的竞争与合作将是我国推进“一带一路”文化产业建设的重要原则。

譬如:乌兹别克斯坦在“丝绸之路”沿线的大城市撒马尔罕、希瓦、布哈拉和塔什干建立了旅游经济特区,实行各种投资优惠政策发展旅游产业。乌兹别克斯坦、土库曼斯坦均成立了国家旅游公司,并积极加入世界旅游组织,激化通过国家层面的产业运营分享“丝路文化”。土库曼斯坦成立了“国家旅游与运动委员会”,制订了旅游业发展规划,颁布了“旅游法”(尹宏,2015)。俄罗斯将文化产业提升到与经济和国防同等重要的国家战略地位,出台了《2012—2018年俄罗斯文化发展战略构想》,2005—2010年,国家财政向电影业拨款从0.5亿卢布增加到49亿卢布,积极扶持文化产业发展(高帆,2010)。此外,印度则每年安排支持文化产业发展的经费,给予优惠政策鼓励国内私人企业和财团投资文化产业。

在这个大的文化产业氛围内,“一带一路”沿线各国都在打造自身特色文化产品,希望抓住“一带一路”的契机推动发展。因此,布局文化产业不能是“单打独斗”,而是在“一带一路”文化产品体系中寻找中国坐标。既要“当仁不让”地争取市场份额,又要“左右兼顾”考虑邻国的文化感受和经济利益。在这个层面上,布局“一带一路”就是要强调分工和协作。在文化产品的矩阵中,“有所为有所不为”,通过合理有效的资源配合和国际合作拓展我国的文化产业市场及规模,实现“利益共享”。

就国内段文化产业发展而言,目前各省市之间文化产业设计不足、项目重复建设等现象已经暴露。“一带一路”的文化建设需考虑各省市的优势与短板,通盘考虑、合理分工、有效配置,形成中央—沿线省份—相关省份的合理发展梯度。中央做好整体统筹;沿线省份充当排头兵和主力军,深入挖掘自身优势强力推进,有针对性地开展对丝路沿线国家的文化交流与合作;相关省份积极利用“一带一路”的开放格局,充分发挥联动优势。

例如,新疆作为“一带一路”建设的核心区,其与哈萨克斯坦、吉尔吉斯斯坦、塔吉克斯坦三国接壤,在语言、民族习惯、文化传统上一脉相承,具有与中亚国家开展深入文化交流和合作的先天优势。音乐、舞蹈是新疆文化的优势,但影视、动漫、游戏等文化产业核心门类基础薄弱。新疆可以与东中部文化产业发达的省份联动发展,打造文化产品译制基地,将东中部优势文化产品译制为符合中亚国家欣赏习惯和语言方式的文化产品,大力发展对外贸易,深化与中亚国家的文化交流合作。

在这个过程中,国家需要深化文化体制改革,出台优惠政策打破行业和地区壁垒,鼓励文化企业跨区域经营,建设相对集中的特色文化产品生产和销售基地,建立和完善文化产业区域合作机制,加强整体规划,围绕重点产业和重点项目,推动文化资源有效配置和生产要素合理流动,文化市场深度融合,形成各具特色、合理分工重点突出的丝绸之路文化产业发展布局。同时,文化部、财政部等相关部门建立相应工作机制,鼓励和支持各地建立健全区域协调机制,加强对重大问题、重点项目和重要产业政策的沟通协调,统筹推动丝绸之路文化产业发展,深化“一带一路”沿线地区文化国际合作。

“一带一路”是中央的文化大战略、大布局。对全国各省市尤其是“一带一路”沿线省市而言,既是一次特色文化的大展示,也是一次区域文化的大练兵,更是一次文化竞争力的大比拼。对沿线国家而言,这是一次文化共生共荣的“惠民工程”。

在这个时代大战略中,对内实现有效地促进文化产业的升级转型提质增效,对外实现文化产业的合作共赢。这其中,要以重大文化项目为抓手,在“一带一路”的大战略下,高度重视沿线各国共同的文化关切和文化利益,在国内将中央文化大战略与地方文化小战术进行有效结合,充分调动各省市的文化经济性和主动性,把“一带一路”沿线各省市的地理优势和特色文化通过有效的、合理的形式分布在“一带一路”的文化走廊上，将其转化为看得见、摸得着的文化影响力和经济硬实力。

参考文献：

[1]米高峰，刘晶莹．丝绸之路文化中的本土动画创作资源研究[J]．电影评介，2011(17)．

[2]郭兰英．前三季度兰州市实现文化产业增加值34.4亿元[N]．兰州晚报，2014-11-06(1)．

[3]胡惠林．区域文化产业战略与空间布局原则[J]．云南大学学报(社会科学版)，2005(5)：47-55．

[4]尹宏．丝绸之路经济带建设中文化产业发展研究[J]．学术论坛，2015(6)：56．

[5]高帆．俄罗斯：本土电影产业落寞政府加大扶持力度[N]．经济参考报，2010-02-11．

Chapter06

“互联网+”组稿

“明日集聚区”——互联网时代下文创集聚区发展新思考

熊海峰❶

摘要:我国文化创意产业集聚区(以下简称“文创集聚区”)经过20多年的发展,当前已成为文化产业发展的重要引擎、创意产生的重要源头、创业者实现梦想的重要载体。今天,随着互联网对经济社会影响的日益加深,传统的商业模式、创业方式正面临着深刻的变革,文创集聚区发展也亟需新思维、新路径、新举措。本文从我国文创集聚区的建设历程和基本规律出发,提出了集聚区发展的三大阶段,并认为当前需要迈向以跨界融合、协同发展、虚实结合、混合规划为特征的创意生态圈阶段,同时对创业生态圈的内涵、特点,以及三大圈层、三大新生力量、三大关注要点等进行了深入阐述。

关键词:互联网;创意生态圈;平台

1994年4月20日,随着一条64K的国际专项专线开通,中国正式成为国际公认接入互联网的国家。经过20年的迅猛发展,中国互联网完成了从量到质的飞越。截至2014年6月,网民人数达到6.32亿,移动上网人数达到了5.27亿❷,网络零售市场规模在2014年有望同比增长27.9%,达到2786亿元人民

❶作者简介:熊海峰,中国传媒大学文化发展研究院博士研究生。

❷中国互联网网络信息中心截至2014年6月的数据。

币。可以说，互联网正成为时代的基础设施、生活的支撑系统、企业的常规生态，它冲击着工业时代我们所熟悉的经济发展规律和价值创造规则，也让文创集聚区发展环境发生了根本性的变化。

一、时代之变：文创集聚区发展环境的大变迁

互联网的核心精神是平等、开放、分享与协作，相对于工业时代，互联网时代在资源上讲求开放与共享，在价值网络上讲求共生与协同，在创业方式上讲求抱团与协作，互联网带来了传统商业模式和创业方式的重大变化。

（一）商业模式：从“价值链竞争”走向“生态圈竞争”

伴随互联网的发展，硬件与软件、传统行业与互联网行业的界限正在消失，网络化、平台化、生态化发展成为潮流，企业之间的竞争也逐渐从价值链竞争变成了商业生态圈的竞争。

生态圈原是自然科学用语，这一概念被引入商业研究则相对较晚。1993年穆尔(James Moore)在《哈佛商业评论》上第一次提出“商业生态系统”的概念，通过众多学者的逐步完善，“生态圈”正在成为商业关系构建上的一场革命。商业生态圈是指以各种不同组织相互作用为基础的经济联合体。在这一体系中，每个组织担当着不同的功能，各司其职，但又形成互赖、互依、共生的生态系统，虽有不同的利益驱动，但身在其中的组织和个人互利共存，资源共享，共同维持系统的延续和发展。

生态圈模式与原有价值链模式最大的区别在于：价值链模式强调如何利用企业已经拥有的（即内部资源）形成竞争优势；而生态圈则强调企业如何通过建设一个价值平台，通过平台撬动和集聚圈内其他企业的能力，从而形成竞争优势。在现代竞争中，商业生态圈日益占据了重要的地位。

马云曾说：“我们要让阿里人明白，我们要建立的是一个生态系统，而绝对不能建一个帝国系统。”雷军表示希望“在大的Android生态系统中，建设由

小米手机、MIUI、云服务和开发者组成的生态圈。”李彦宏认为:“百度必须要做一个大公司应该可能做的事情,让移动互联网更健康,去搭平台,让有产品梦想的人做出改变世界的产品。”宋城集团黄巧灵也正在布局打造演艺生态系统。

(二)创业方式:从孤立、封闭走向抱团、开放

在网络化、数字化、平台化发展的大背景下,相比传统型的创业,当前创新创业的门槛正在降低,产品开发的成本正在减少,周期也在缩短。创业更向前端延展,创业方式正发生巨大变化。

第一,从孤军奋战转向抱团创业。在传统创业环境下,由于社交平台和虚拟创业平台的缺乏,创业者更多的是一种“独狼式”创业。在网络化、平台化的环境下,创业更多是抱团创业,通过各种社交平台来寻找合作伙伴,交流创业心得,获得创业投资。第二,从资源导向转向市场导向。传统创业中,创业者的成功主要依靠特殊政策、人脉关系、技术资源等,而在创业成本极大降低(硬件成本现已降至仅为十年前的百分之一)以及创业生态圈商业模式普及的今天,创业成功的关键在于:是否能够切中时代敏感神经,开发出符合市场需求的产品。

在这种背景下,创业者对文创集聚区的期望,正从原来简单的房租优惠、政策需求,转向专业化、个性化、社交化、全程化的服务渴求。

二、发展之思:构建创意生态圈

面对变革,传统文创集聚区必须改变思维,跨越升级,打造更开放的平台,整合更广泛的资源、协同更多元的力量,加快构筑创意生态圈。如果集聚区不能改变思维、创新发展模式,就很可能将成为变革时代的牺牲品。

那么,今天的集聚区该如何升级,明天的集聚区又会是什么样子呢?

(一)文创集聚区发展的三个阶段

结合空间经济组织形态发展规律和我国文化产业集聚区实践进程,本文将集聚区发展归纳为三个阶段:即创意园区阶段、创意社区阶段、创意生态圈阶段。

第一个阶段是创业园区阶段。我国文创集聚区的建设是从北京、上海等经济较发达地区开始的,然后风靡全国。由于高新科技园区在经济中起到的示范作用,各地方政府打造文创集聚区主要是按照其为模板的。主要有以下特点(表1)。

表1 创意园区阶段发展特点

基本特征	核心关注企业,以硬件建设为重点
建设主体	政府主导,以吸引企业入住和解决办公空间为主
主导功能	科技研发、商务办公为主导,功能单一
核心吸引点	政府提供低廉的办公空间和优惠的税收
产品构成	研发办公楼、基础服务、很少生活休闲配套设施
盈利模式	公益性、主要靠政府补贴

整体而言,这时期的文创集聚区建设取得不少成就,如数量大增(到2014年全国大约有10000家集聚区),面积大规模扩大,概念和作用得到较广泛的认可。但由于不熟悉文化产业的属性,在建设过程中,注重面积、设施等硬件指标,大多数集聚区仍停留在提供低层次服务的水平上,很大程度成为了入驻企业的“房东”和“物业”,增值服务、休闲娱乐等配套服务非常少。因此,在入驻企业和创业人员需求和市场力量的推动下,进入了集聚区发展第二阶段。

第二个阶段是创意社区阶段,其主要特征如下(表2)。

表2　创意社区阶段发展特点

基本特征	核心关注创新创业人群,以软件建设为重点
建设主体	政府主导、民营力量加入
主导功能	研发办公基础上,加入休闲、商务、居住等配套功能
核心吸引点	政府提供低廉的办公空间和优惠的税收,同时有功能相对完备的“创意社区”,为创业者提供了工作、生活、休闲环境
产品构成	工作空间、休闲空间、基础服务以及一些增值服务
盈利模式	政府补贴、租金、不动产增值、商业休闲运营收入等

随着互联网的快速发展、商业模式和创业方式的变化,传统的创意社区也逐渐不能满足需要。互联网的根本属性是开放,创意产业的根本观念融合,是要通过“越界”促成不同行业、不同领域的重组与合作,寻找新的增长点。由于创意社区的开放度、融合度以及对外部的资源整合不够,也没有形成“实体+虚拟”的集聚发展平台,难以为创业者提供各类所需资源,如天使投资、社会网络、创业辅导、商业平台、人才链接等,同时对公共交流、活动空间也重视不足。

在这种背景下,文创集聚区正迈向文化创意生态圈阶段。2013年5月开园的深圳盐田国际创意港就是一个雏形。其成立之初就以“文化+电商”“学院+园区”融合为发展定位,融合了“文化创意+电子商务+工业设计教育培训”的等发展功能。

(二)创意生态圈的概念?

简而言之,创意生态圈是以创意源(创新创业者、创意企业等)为中心,以跨界融合、协同创新、虚实结合、混合规划为主要特征,利用集聚区自身优势并协同和整合最广泛的外部资源(包括投资人、创业导师、媒体中介、优惠政策等),共同参与到为创新创业者服务过程中来,将集聚区打造成一个众多利益相关者共同创造和分享价值的有机生态系统。

“创业生态圈”主要有四大特征。

第一，在产业策略上，突出“跨界融合”。融合是创意产业的本质属性，创意生态圈中，就是要推进创意与先进制造、人居环境、文化旅游等各产业纵深融合，扩大创意的实现载体，最大化创意价值。

第二，在发展方式上，突出“协同创新”。开放性是互联网时代的核心精神，创意生态圈的建设，不是运营商的独角戏，而是充分与入驻企业、创业者互动，是一个共建、共享、共治的过程。

第三，在平台建设上，突出“虚实结合”。创意生态圈，不仅要有完善的线下实体平台，而且必须要有线上的交易交流平台，充分借助互联网的优势，增加创新创业的便利性和成功率，并通过整体环境的营造，让创意成为生活方式。

第四，在规划设计上，突出“混合规划”。由于创意生态圈关注的是如何激发创意潜能和创意转化，强调为创意人服务，所以集聚区建设不仅要有工作空间，还要有适合创意需求的生活空间、休闲空间、商务空间和社交空间，是一个混合性、多元化的产业集聚空间。

相比创业园区和社区阶段，创意生态圈将呈现许多新特点(表3)。

表3　创意生态圈阶段发展特点

基本特征	以激发和转化创意潜能为核心，以“实体+虚拟”平台为载体，注重创意与相关产业的融合，注重创业资源的广泛集聚和协同，在规划上突出功能的混合性
建设主体	民营主导，政府支持
主导功能	除社区阶段的服务外，更包括跨界资源整合、创业社交中心、虚拟创业平台、全链创业服务等
核心吸引点	虚拟服务平台，跨界交流，全链服务，外部资源整合
产品构成	实体平台(工作服务平台、生活休闲平台等)；虚拟平台(应用平台、电商平台等)；创业社交平台
盈利模式	投资回报、物业租金、不动产增值、商业休闲运营收入

(三)创意生态圈三大构成圈层

持续吸引、培育和孵化出文创企业是创意生态圈的价值基础。要实现这一目标,创意生态圈必须构筑清晰、合理的圈层结构,由内而外营造出一个能激发和转化创意的生态环境。本文将创意生态圈分为三大圈层,如图1所示。

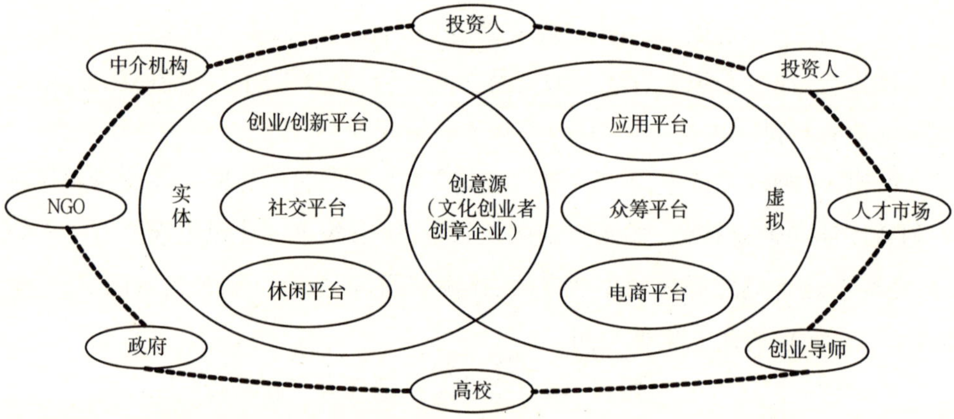

图1 创意生态圈示意图

创意生态圈最核心层是服务对象,是创意的源头。与传统集聚区不同,生态圈服务对象具有融合性,不仅包括创意企业,也涵盖相关融合企业;具有全链性,为产业链上不同环节、不同功能的文创企业,提供具有针对性、专业性、全程性的全产业链服务。

第二圈层是创意服务平台层。服务平台是集聚区运营价值实现最核心的载体。与传统集聚区不同,创意生态圈打造的是"实体+虚拟"平台,形成网上网下互动的集聚空间。

实体平台包括线下的创业平台、休闲平台和社交平台,其中社交平台是一个交流、交友、交易的新空间,主要是为了让各类创意人群在这里集聚、各种创新思想在这里激荡,让创意成为一种生活方式。

虚拟平台是线上文创服务平台,是在实物设施的创意产业集聚区基础上,通过利用云计算、大数据等技术，打造的无界域、国际化的虚拟创意集聚区，主要包括应用平台、电商平台和众筹平台等，成为一个即时性的数字化网上交易市场和一个数字化的融资平台。

第三圈层是支持群体。由于为创意生态圈提供的服务不再只是传统的物业管理、工商注册、法律顾问、财务管理等简单服务，而主要是创业指导、媒体传播、社交互动等高端、个性、文化、互动的服务，因此，仅靠集聚区自身力量是远远不够的，必须最大限度协同和整合外部资源，以满足创新创业者的需求。

三、动力之源：构筑文化创意生态圈三大新势力

在创意生态圈阶段，集聚区的概念、范围、运营主体等都发生了巨大变化，出现了一些新力量，形成了一些集聚新类型，其中主要有以创意阶层为主导的生态圈、以开放平台主导的生态圈、以文化企业主导的生态圈。

（一）以创意阶层为主导的生态圈

2002年美国卡耐基·梅隆大学教授佛罗里达（Richard Florida）在其《创意阶层的兴起》（The Rise of Creative Class）一书中提出21世纪将成为创意阶层（creative class）的世纪。

而创意阶层最集中的无疑是大学校园。目前我国拥有本科高校1000多所，近3000万在校大学生，每年毕业生大约有720万人。这个庞大的群体构成了创意集聚区的基本条件。并且大学生思维活跃、创业欲望强烈。根据《2011年全国大学生创业调研报告》[1]显示，76.7%在校大学生对创业感兴趣，并有26.8%大学生打算今后创业。在互联网、数字化极大降低了创业成本的今天，文化创意已经不需要多大的规模、多强的硬件设施，大学宿舍就可以是一个“创意工坊”，一个点子或创意就能出奇制胜，占领市场。例如，中国传媒大学及周围汇集了3000多个创意工作室，产生了兔斯基、三国杀等优秀的创意产品。

[1] 2011年由中国青少年网络协会联合中国传媒大学调查统计研究所等机构发布。

（二）以开放平台为主导的生态圈

随着商业模式从价值链转向生态圈，对腾讯、阿里巴巴、百度等这些大企业而言，投资和鼓励初创企业，为初创企业提供技术支持、资源支持，构筑创意生态圈，已成为保持企业创新力以及避免被颠覆的重要手段。

以腾讯开放平台为例，2013年，腾讯在北京石景山建立了首个O2O创业平台。在线上，依托腾讯云、商业变现模式、QQ互联帐号打通推荐与分发的移动能力，以及多场景触达用户的流量入口等强大优势，为创新创业者提供多元服务；在线下，腾讯联合银行机构、软件园等业界资源，建立创业基地。截至2014年6月，腾讯已经累计开放出1万多个开放接口，云骨干机房覆盖全球15大城市，在全国100个城市建设了超过300个加速节点，开放平台第三方开发者数量达到500万，流水过1亿元的创业团队已达到22家，创业公司总估值已超过2000亿人民币[1]。一个以游戏、软件等内容为核心的创意生态圈正在形成。

（三）以文化企业为主导的生态圈

这类创意生态圈的典型代表是宋城集团。宋城是中国优秀民营文化企业的代表，公司在2010年上市，被资本市场称为中国演艺的第一支股票，其主打产品《宋城千古情》，已经演了16000多场，游客达到了5000万人次。当前集团正致力于构建一个以文化演艺为核心、线上线下互动发展的创意生态圈。主要包括三大部分：一是打造公园、演出、活动等构成的宋城线下巨大平台，目前有39100个座位，达到了百老汇座位数的82%；二是构建以娱乐视频和OTA（在线旅游网站）为核心的线上模块；三是建设以综艺真人秀和影视剧的IT内容模块。宋城集团希望通过打造创意生态圈，让更多从事演艺的企业能够在这个平台中得到最低的租金和最好的展示，实现快速发展，让演艺行业有一个更繁荣的未来。

[1] 摘自腾讯公司首席运营官任宇昕在2014腾讯全球合作伙伴大会上的发言。

四、创新之要：构建创意生态圈的三大关注点

对于传统集聚区而言，实现转型升级，构筑创意生态圈，是一件较为复杂的系统工程，不仅需要打造全新的实体和虚拟平台，创意社交平台、全链化的创业平台、休闲娱乐平台，还要推动运营模式、服务模式、管理机制等方面的创新，才能保障创意生态圈的顺利推进。

（一）运营模式创新

运营模式创新主要包括投资建设模式和盈利模式两大内容。

第一，创新投资建设模式。创意生态圈的重要特点是开放性、协同性，要成为各利益主体共同创造和共享价值的平台。因此，在集聚区特别是平台等建设中，要坚持政企联动、多方参与，积极将管理权和开发权分离，探索开发权社会化。改变过去仅靠公共财政、银行贷款、政府补贴等较为单一的投资模式，可以通过建立创意生态圈建设基金、运营基金等形式，大力引入社会闲余资本，形成由政府、战略投资者、入驻企业等共同股份制开发建设的格局。

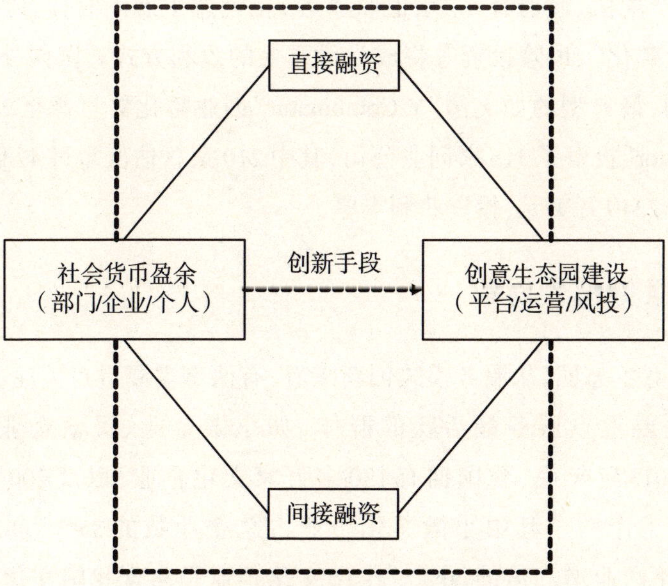

图2 创意生态圈建设资金来源示意

以私募合作为例，集聚区可以发挥政府资源、运营能力等优势，吸引私募资金联合开发载体或平台。集聚区运营企业负责项目开发建设、平台运营、园区管理等；股权基金投资管理公司负责融资工作、项目监管、创业资源引入等。

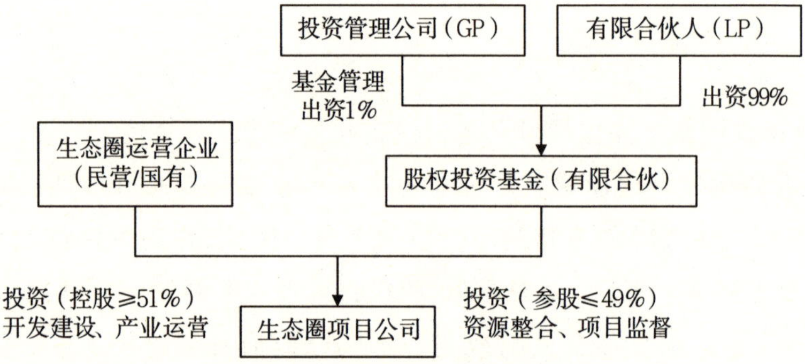

图3　私募形式建设创意生态圈示意

第二，创新生态圈盈利模式。在园区、社区时代，集聚区盈利渠道主要是租金、不动产增值、政府补贴、增值收入等，在创意生态圈时代，除了以上盈利渠道，“持股孵化”、风险投资等将成为最重要的盈利方式。国内外已经有大量成功的案例，最典型的如美国“Y Combinator”创业孵化器。截至2011年年底，“Y Combinator”投资了316家创业公司，其中210家总估值超过47亿美元，平均每家估值为2240万美元，投资获利丰厚。

（二）服务模式创新

建设创意生态圈，从服务模式创新来看，有两点需要重点关注。

第一是要重点服务最活跃的群体，如小微企业、民营企业、个体创业者。截至2013年年底，我国拥有130多万家文化企业，以及200多万文化个体从业者、工作室。其中小微文化企业占总企业数的85%、总从业人数的77%、总文化产业增加值的60%。“小微文化企业是实现我国文化产业蓬勃发展的重要力量，是激发全民族文化创造活力的重要源头，是保持和发展当代中国文化多样性的重要载体，是广大文化创业者实现梦想的广阔舞台。”[1]发展意义重大。

第二是关注最迫切的需要，打造文创金融服务体系。文创企业特别是小微文创企业融资难、融资贵，是因为企业通过正规金融渠道解决不了融资问题，不得不走向民间借贷，民间借贷大体上年息要在20%—30%，短期的拆借资金，高时月息达到4分5厘到5分5厘，这严重束缚了小微企业发展。博鳌论坛2013年发布的《小微企业融资发展报告》显示，2012年全国90%的小型企业和95%的微型企业，没有与金融机构发生任何借贷关系。因此，必须加快构建政府、社会、企业等共同协作的金融服务体系。

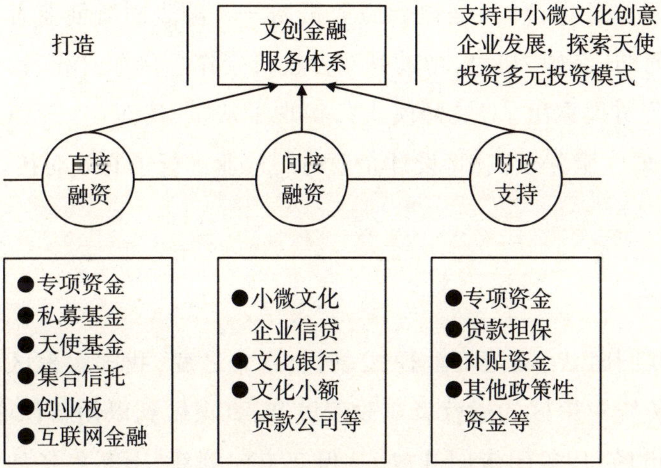

图4　文创金融服务体系构成示意图

（三）管理机制创新

管理机制创新是推动创意生态圈健康发展的重要保障，从实践经验来看，主要包括人才激励机制、资源整合机制的创新。

第一要创新人才激励机制。事业以人为本，人才是创意生态圈建设最核心

[1]文化部副部长项兆伦之语。

的资源。对生态圈运营企业而言,如何培育、吸引、留住优秀人才是关键中的关键。本文认为,可以采取以下措施:一是股权激励,允许高管层入股,并设立高管期权激励;二是岗位激励,建立严格的分级制度和内部逐级提升制度,让基层员工有足够的上升空间;三是薪酬激励,建立具有竞争力的薪酬激励机制,应尽量高于同业平均水平,并与绩效挂钩;四是绩效考核机制,设定明确、合理的考核指标,依指标进行考核,明确奖罚。

第二是创新资源整合机制。创意生态圈本质就是整合各类资源为创新创业者服务,因此要以"实体+虚拟"为架构,通过一系列机制有效地整合资源。例如,可以采取如下措施:一是战略合作机制——与兄弟集聚区、咨询机构、投资机构、市场推广机构等组成战略合作伙伴,联合为入驻企业和创业者服务;二是代理服务机制——将生态圈内的企业、创业需求进行归总、分类,然后打包承包给外部服务单位;三是撮合服务机制——扮演创新创业者和市场资源(如投资者)间的"红娘"角色,帮助其双方进行合作。例如,"设计之都产业园"运营者灵狮公司摸索出了"灵狮模式",实现了从"二房东"提升到"二房东+经纪人"的高端增值服务模式,将设计企业与制造业进行了有效对接。

结语

进入互联网时代,随着商业模式、创业方式之变,我国集聚区发展也必须与时俱进。传统集聚区的运营者应改变思维,真正做到以创新创业者为中心,从政策走向市场,从封闭走向开放,从保守走向创新,不断思考如何才能为创新创业者提供独一无二的价值,如何才能构筑更好的创意生态圈。如果运营者不改变思维,甚至不改变基因,就很可能成为这个颠覆时代的牺牲品。正如新东方董事长俞敏洪面对在线教育的威胁时,对其员工所说:"必须更换我本人的基因,同时更换整个新东方的发展基因。更换基因这个坎过不去,基本上就要死……所以我现在做好了准备,宁可在改的路上死掉,也不死在原来的基因里。"

参考文献：

[1]范周. 中国文化产业新思考Ⅱ[M]. 北京：光明日报出版社，2014.

[2]王齐国，张凌云. 文化产业园区理论与实践[M]. 山东：山东大学出版社，2011.

[3]文化部文化科技司、武汉大学国家文化创新研究中心. 中国文化创新报告(2014)[M]. 北京：社会科学文献出版社，2014.

[4]史建平. 中国中小微企业金融服务发展报告(2014)[M]. 北京：中国金融出版社，2014.

[5]佛罗里达. 创意阶层的崛起(关于一个新阶层和城市的未来)[M]. 司徒爱勤，译. 北京：中信出版社，2010.

“互联网+”背景下的传统媒体融合之路

田　卉[1]

摘要:“互联网+”概念的提出让以互联网为主的一整套信息技术在全社会不断分裂、扩散、嫁接,传统媒体受到了直面挑战。如何做好互联网的加法成为每个媒体从业者不得不面对和思考的问题。本文在分析传媒环境重构的基础上,从媒介属性以及行业环境两个方面剖析传统媒体竞争乏力的原因,并基于此提出传统媒体的融合路径建议。

关键词:“互联网+”;营销;广告

“互联网+”概念的提出让以互联网为主的一整套信息技术在全社会不断分裂、扩散、嫁接。互联网在实现人体延伸功能的基础之上,当起了社会关系管理的管家,彻头彻尾地改变了人们社会生活的方方面面。这种改变激发了整个社会关系的调整,创造了传统媒体时代所没有的泛媒介平台。作为经济“晴雨表”的广告,既是最早触网的商业环节之一,也从侧面反映了传媒环境的重构,传统媒体不再一家独大,企业有了更多元、更优质、更有效的广告传播渠道,传统广告遭遇滑铁卢,“流量”代替“收视率”成为新的交易货币。面对挑战和冲击,传统媒体如何做互联网的加法,成为每个媒体从业者不得不面对和思考的问题。

[1]作者简介:田卉,中国传媒大学文化发展研究院教师,博士,硕士生导师。

一、传媒行业重新洗牌

（一）传统媒体受众流失

伴随互联网的普及应用，尤其是以智能终端为载体的移动互联网的发展和普及，人们的媒介接触习惯发生了质的改变。报纸、电视、杂志等传统媒体的受众使用率大幅下降。如果说2011年以前还是传统媒体的天下，电视、广播、报纸、杂志分别以其独有的特色分食受众市场大蛋糕的话，自2011年起，互联网尤其是移动智能终端就以其兼容并包、开放、自由、共享、去中心的优势特色不断吸引着人们的眼球，并以加速度的发展趋势迅速吞噬其他媒体的市场蛋糕。在过去的5年中，报纸和杂志所受影响最大，逐渐被移动终端的各种应用取代，订阅用户数量锐减；而智能手机和平板的渗透率则逐年大幅提升（表1）。

表1　中国媒介渗透率（2011—2015）❶　（单位：%）

	2011	2012	2013	2014	2015
电视观众	93.5%	93.8%	94.2%	94.5%	94.8
台式电脑/笔记本网络用户	37.5%	40.7%	43.4%	44.8%	46.0
智能手机用户	16.6%	27.1%	34.5%	40.0%	43.1
功能手机用户	51.2%	47.8%	45.8%	43.3%	42.0
印刷媒体读者	34.0%	33.0%	30.0%	28.0%	26.5
杂志读者	12.1%	11.4%	10.8%	10.3%	10.0
报纸读者	33.0%	32.0%	29.0%	27.0%	25.5
平板电脑用户	6.3%	9.1%	16.3%	19.7%	22.3
广播听众	16.7%	17.0%	17.5%	17.7%	17.8

❶数据来源：《2015中国外交媒体核心用户数据分析》。

虽然电视和广播的渗透率保持了相对稳定的发展态势,但渗透率只能说明媒体的到达情况,并不能解读媒体市场的真正分布。根据表2所示,在使用时间上,除广播外,传统媒体均出现了大幅下滑,尤其在2015年,中国受众每天使用数字媒体(包括智能手机、平板电脑、功能手机和台式电脑/笔记本)的时间第一次超过了传统媒体,占据总的媒体使用时间(6小时08分)的50.4%。电视的渗透率虽然高达94.8%,遥遥领先于其他媒体,但电视媒体的使用时间却逐年下降,CAGR(复合年增长率)为-0.8%。智能手机、平板电脑和功能手机的CAGR则分别为27.5%、36.0%和62.7%,并大有继续增长的态势。

表2 中国受众每天媒体使用时间分布(2011—2015)[1] (单位:%)

	2011	2012	2013	2014	2015	CAGR
数字媒体	35.8%	40.5%	45.4%	48.5%	50.4%	0.2%
手机(非语音)	15.4%	21.0%	26.9%	30.7%	32.9%	1.3%
智能手机	7.3%	12.5%	16.3%	18.8%	20.3%	27.5%
平板电脑	1.7%	3.4%	6.5%	8.4%	9.5%	36.0%
功能手机	6.4%	5.1%	4.1%	3.5%	3.1%	62.7%
台式电脑/笔记本	20.4%	19.4%	18.6%	17.8%	17.4%	-11.8%
电视**	55.5%	51.7%	47.6%	45.1%	43.6%	-0.8%
广播**	3.7%	3.6%	3.4%	3.2%	3.1%	0.8%
印刷媒体**	4.9%	4.3%	3.6%	3.2%	2.9%	-7.4%
报纸	4.4%	3.9%	3.2%	2.8%	2.6%	-5.1%
杂志	0.5%	0.5%	0.4%	0.4%	0.3%	-7.4%
总计(时间)	4:58	5:14	5:39	5:57	6:08	5.4%

[1] 数据来源:《2015中国外交媒体核心用户数据分析》。

(二)广告营收因果下滑

受众流失的直接结果是媒体广告份额的急剧下降,进而直接影响了媒体的业务营收。中国广告协会报刊分会、央视市场研究(CTR)媒介智讯发布的2014年中国广告市场数据显示(图1),中国传统广告市场同比下降1.7%,电视出现了首次负增长,增幅为-0.5%,虽然降幅很小,但足以改变传统广告市场的趋势。

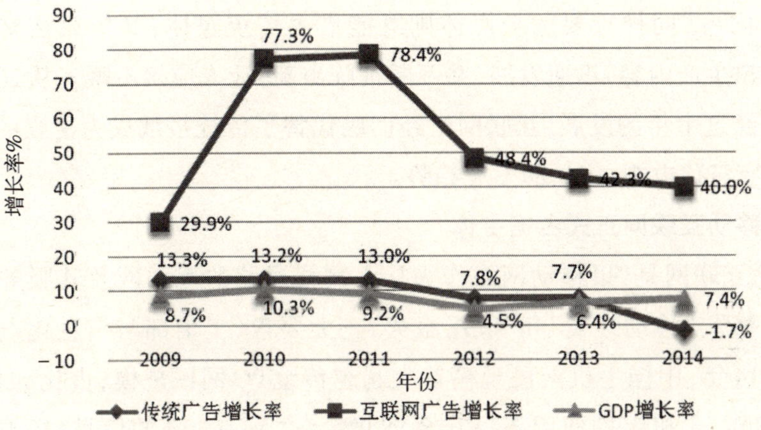

图1 2009—2014年中国传统广告和互联网广告增长率❶

我国传统媒体所面临的遭遇和挑战,在世界范围内同样上演着。美国的《纽约时报》近5年来的收入较前5年减少300亿美元;韩国发行量最大、市场占有率达70%的《朝鲜日报》近两年来,其发行量也在以20%的速度下降。这是互联网的技术革新、应用创新和受众消费习惯变化所带来的冲击,与制度无关。

(三)移动互联异军突起

从世界范围来看,当前传媒产业的演变存在两大趋势,并形成“新媒体+

---

❶数据来源:艾瑞咨询、易观智库、CTR、国家统计局。

移动”主导的方向(朱春阳等,2014)。

1. 市场竞争格局出现逆转

截至2015年5月,上线不到4年的移动终端APP《今日头条》,累计激活用户数达2.5亿,日活跃用户超过2000万。当用户使用微博、QQ等社交账号登录今日头条时,它能5秒钟内通过算法解读使用者的兴趣DNA,用户每次动作后,10秒更新用户模型,越用越懂用户,从而进行精准的阅读内容推荐。❶

互联网的技术智能化和大数据的挖掘分析能力使得传统媒体的竞争日渐乏力。以内容优势见长的传统媒体变成了新媒体的内容生产商,而把“用户”看得与“内容”同样重要的新媒体则既能借力传统媒体,又依靠社交媒体的UGC(用户生产内容)迅速发展,并不断推陈出新,让人应接不暇。从2005年到2015年,经过十年的发展,互联网已经彻底代替了传统报纸成为传媒的创新旗帜,并大有替代电视、广播的发展趋势。

2. 移动互联网正式占据主体

移动互联网是“以移动网络作为接入网络通路的互联网及其服务”,包含“移动网络”、“移动终端”和“应用服务”三大要素(工信部与信息化电信研究院)。2014年,中国手机网民规模首次超越传统PC网民规模,占比为84%;到2015年6年,手机上网使用率提升至88.9%。这是一个新的信号,标志着互联网行业向新的平台转变,以智能手机为代表的移动互联网正以规模数据和几何增长态势彰显着自身的实力,成为最大的信息消费市场、最活跃的创新领域,重构了互联网服务的模式与生态,也正式成为传媒行业的主导者、改革者和创新者。“移动网络×互联网”的乘法效应正在开始发挥效力。

(1)移动互联网增长打破“摩尔定律”

英特尔创始人之一戈登·摩尔提出的“摩尔定律”认为:每一美元所能买到的电脑性能,将每隔18~24个月翻一倍以上。这一定律揭示了信息技术进步的速度。“移动智能终端自2007年起步以来高歌猛进,在2010年末首次超过PC同期出货量,其后进入高规模高增长阶段,至2013年其出货量首次超过功能手机,约为PC同期出货量的3倍,以年出货10亿部的市场体量成为当今市场容

❶陈粲然. 泛阅读产品“今日头条”是如何基于微博兴趣图谱做个性化推荐的? [EB/OL]. (2013-01-21)[2015-10-15]. http://www.pingwest.com/demo/jinritoutiao-reading/.

量最大的电子产品分支”(工信部与信息化电信研究院)。移动互联网的发展速度已经远远超过摩尔定律(PC的发展以一年半为一个发展周期)定义的产业发展周期,这无疑预示着以移动互联网为主旋律的一个新的技术周期的到来。

(2)移动互联网已经成为人们生活的不可或缺

移动互联网以其移动性、便捷性不断向第一和第二产业延伸,快速融入诸多实体产业,改变了诸如交通、餐饮、服装、旅游、金融等领域,在人们的社会生活中加速渗透。支付宝、滴滴打车、微信红包,移动互联网通过不断推陈出新的网络应用和服务一次次颠覆人们对原有生活和互联网的认知,并且这种融入、改变、延伸的范围与深度正不断加深。在技术推动、创新驱动和需求拉动之下,加之移动终端的技术智能化、功能集成化和价格低廉化,移动互联网将逐渐渗透到人们社会生活的方方面面,并成为人们生活的不可或缺。

(3)移动互联网抢滩传媒市场

除了改变了人们的社会生活和消费方式,移动互联网正通过信息获取、娱乐、视频、阅读等多方面的移动应用抢滩传媒市场。根据CNNIC《第36次中国互联网络发展状况统计报告》(表3),中国网民中分别有77.4%和59.7%的人使用手机获取新闻和观看视频。越来越多的互联网用户放弃电视,或者边看电视边玩手机;传统体育赛事开始在网上直播,网络用户甚至愿意为数字内容买单;当当网在销售纸质图书的同时,读者可以同步购买电子图书。移动互联网正在替代传统媒体,发挥提供信息、娱乐和教育的功能。

表3 2014.12—2015.6中国手机网民对各类手机应用的使用率(CNNIC,2015)

应用	2015年6月		2014年12月		
	用户规模(万)	网民使用率	用户规模(万)	网民使用率	半年增长率
手机即时通信	54018	91.0%	50762	91.2%	6.4%
手机搜索	45434	76.5%	42914	77.1%	5.9%
手机网络新闻	45959	77.4%	41539	74.6%	10.6%
手机网络音乐	38556	65.0%	36642	65.8%	5.2%

续表

应用	2015年6月		2014年12月		
	用户规模（万）	网民使用率	用户规模（万）	网民使用率	半年增长率
手机网络视频	35434	59.7%	31280	56.2%	13.3%
手机网络游戏	26699	45.0%	24823	44.6%	7.6%

（4）移动广告市场增长出现井喷

表4　2011~2016年全球主要国家移动广告增长情况（%）[1]

国家	2011年	2012年	2013年	2014年	2015年	2016年
美国	132.6%	220.0%	81.7%	56.9%	42.9%	32.4%
加拿大	79.6%	77.3%	71.6%	59.9%	60.2%	43.1%
瑞典	150.0%	170.0%	70.0%	40.0%	25.0%	20.0%
英国	144.8%	120.0%	65.0%	55.0%	50.0%	25.0%
挪威	80.0%	120.0%	65.0%	50.0%	30.0%	25.0%
芬兰	80.0%	90.0%	70.0%	50.0%	30.0%	20.0%
德国	73.7%	85.0%	68.0%	62.0%	55.4%	46.3%
荷兰	120.0%	75.0%	65.0%	45.0%	40.0%	35.0%
西班牙	72.3%	75.0%	58.0%	54.3%	49.1%	45.3%
丹麦	120.0%	70.0%	55.0%	50.0%	40.0%	20.0%
意大利	44.9%	66.3%	60.9%	50.3%	44.6%	29.0%
法国	43.6%	48.7%	53.0%	49.1%	41.3%	38.5%
中国	135.6%	138.0%	100.5%	74.4%	63.8%	31.2%
印尼	132.0%	110.0%	90.0%	85.0%	85.0%	75.0%

[1] 李岚．移动化、社交化：视听新媒体融合发展新态势[EB/OL]．(2013-07-24)[2015-10-25]．http://media.people.com.cn/n/2013/0724/c367198-22312399.html.

续表

国家	2011年	2012年	2013年	2014年	2015年	2016年
澳大利亚	79.6%	65.5%	36.8%	32.0%	23.0%	15.0%
韩国	60.0%	40.0%	20.5%	15.0%	11.1%	10.0%
日本	35.4%	27.2%	16.5%	15.0%	8.1%	6.0%
全球	74.6%	105.8%	61.6%	49.5%	40.2%	29.6%

消费者的关注目标正在向数字领域，尤其是移动领域转移，收益紧随其后。即便在数字内容市场，注意力和广告收益也是不断向移动领域转移。根据BI首席执行官HenryBlodget在《2013：数字产业的未来》报告中所提的数据显示，人们在互联网门户网站上所花的时间越来越少，在搜索引擎、社交网站上花的时间越来越多，新兴网站和服务正在蚕食门户网站的蛋糕。相应的，搜索广告、显示广告、视频广告和社交广告等移动领域的广告都在大幅增长。全球主要国家的移动广告都呈快速发展的态势。

除了用户转移的因素，移动广告的用户ID化、大数据化、移动化、社交化和广告效率化等突出优势也促使门户网站和传统媒体加速业务和广告服务转型。新浪已经计划把使用了15年的门户首页重新进行调整；腾讯传统PC端收入已低于移动端的收入。各大门户型网站的移动化转型，以及移动媒介广告投放的持续增长，都印证了主流终端从网络时代走进了移动互联时代，以智能手机为代表的移动终端将会是未来社会的主流媒介。

（四）视频主宰内容为王

随着4G移动技术的发展，过去因为通信技术受限的很多应用，如手机游戏、终端音视频分析等，迅速发展和升级。

1.“视频时代”来临

如果说互联网开启了“读图时代”的大门，移动互联网则推动了“视频时代”的到来。4G的推广和普及应用加速了视频的生产、制作、传播和观看，没有了技术和流量的限制，人们不再满足于图片的有限信息，既需要视觉冲击，还要立体丰满的信息和视听感官的综合。与此同时，网络用户开始用智能手机自拍视频，将所看、所听、所做随时拍摄，既丰富了网络试听内容，也促使媒体在业务上不断创新来适应人们对视频的需要，各种各样的自拍视频应用也大量涌现。

在4G技术的支持下，电视新闻采编也可以通过智能手机来实现最快速的新闻采集和回传，保证了新闻的及时性。2013年11月《纽约时报》推出在线视频服务内容“The New York Times Minute”，每天6点、12点和18点分别推出一分钟最新新闻报道，以满足网络用户信息快速消费的需求。4G移动互联网时代，移动视频的生产和分享还会疯狂增长。可以预见，在未来，视频将代替文字和图片成为信息消费的主流。

2. 全民继续“娱乐到死”

移动互联网不可免俗地从工具属性发展到娱乐属性，最后走下神坛，成为具有生活属性的工具。“提供娱乐”是传统媒体的最重要功能之一，移动互联网的移动便携性使得人们可以充分利用碎片化的时间观看视频和生活化的内容，真正实现放松休闲的见缝插针。伴随4G的普及应用，移动智能终端上最受欢迎的内容之一必将是娱乐化和生活化的信息内容。虽然人们接收信息和获取娱乐的平台转移了，但“娱乐至死”的精神将贯彻到底。

3. 内容的规模化定制

基于SNS的社交网络特性在移动互联网上被无限放大。除了传承互联网的开放、共享、大众和移动通信的实时、私密、移动等特点之外，移动互联网又衍生出具有独特优势的社交化、碎片化、个性化等特点，这些独特的优势使得移动互联网拥有了更强的生命力，使得用户生产内容可以实现规模化的定制。

互联网时代信息泛滥，个性化、定制化的信息需求日益增长。通过RSS、云端存储、大数据挖掘和分析等技术，可以实现网络用户信息内容的规模化定制，既降低了成本，也可以克服信息大众与个性的矛盾，解决信息生产的盲目化和目标群体的不清晰，最终实现信息生产和传播的个性化和定制化。

二、传统媒体为什么受到如此冲击

与移动互联网的技术优势相比，传统媒体在受众定位、信息传播模式、传播时效、传播费用、传播介质等方面，都存在着先天不足。

（一）自身局限带来广告营收下滑

1. 模糊笼统的受众定位

传统媒体的受众群体相对宽泛，由于没有事前调研，很多电视节目、报纸栏目或电台频率定位主要依靠策划者的经验，甚至是直觉判断。即便事后调研，传统媒体也主要以性别、年龄、职业等社会属性为指标对受众进行粗略划分，定位不准确，导致收看/阅读/收听效果很低。在互联网环境之下，平台及其产品都是以用户为导向，加之对数据和用户行为的实时抓取和分析，很容易做到精准定位，满足小众化、细分化、定制化和精准化的信息需求。

2. 单一原始的信息传播

基于互联网的信息传播远远不止信息呈现这么简单，而是可以利用或简单或复杂的技术实现更深层次的互动，甚至可以直接实现商品交易，不但强化了传播效果，而且可以直接为销售引流，成为销售环的入口以及传播中的出口。而在此点上，传统媒体能做到的却少得可怜，仅仅是单向的信息传播，任何的互动都要依靠其他沟通工具或平台来完成，如电话、短信、微信、信件、邮箱、微博等。这种不能简单及时的互动方式拉长甚至阻碍了受众从思考到行动的过程，很大程度上降低了转化。

3. 难以衡量的传播效果

传统媒体曾经拥有的近乎垄断的信息霸主地位，使得广告主别无选择，非他不可，因而广告效果的衡量也就显得不那么重要。加之传统媒体单向传播的局限，受众反馈不能及时获得，传播效果很难量化。单凭发行量、收视率、收听率和阅读率等数据，不能真正反映广告传播效果，更不用说广告转化情况。因此，传统媒体的广告投放就出现了“我知道广告费用浪费了一半，但我无法知道是哪一半”的尴尬。

广告投放往往是企业的整合营销策略的最终实现,通常会由多种媒体、多种渠道组合实现,包括促销、公关等推广行为也会共同推进,这也会加大传统媒体广告投放效果衡量的难度。

而互联网因其用户ID化、数字化、在线化、云存储以及互动性等技术优势,消费者购物可以在互联网上一站实现,广告信息点击、浏览、产品购买,甚至评价或转载等消费相关行为都可以记录在案,“流量”即效果,并可以时时获得。根据反馈效果,广告主还可以随时调整营销策略和广告传播计划,大大优化了广告传播效果,提高了广告转化率。这是传统媒体自愧不如的先天技术优势。

4. 无法更迭的传播时效

传统媒体无论是其制作方法,制作技术,制作周期,还是审查机制,都严重影响了传播时效。以报刊为例,从采集、编写,到审核、刊印,再到发行,日报的制作周期最快也要一天的时间,这显然无法适应互联网环境下的的信息瞬息万变,所见即传播的快节奏。无论是舆情应对,还是效果优化调整,亦或只是争抢第一时间,传统媒体都显得捉襟见肘。

此外,单一的媒介特性也使得传统媒体上的广告创意备受局限,即便是视听合一的电视广告,在互联网超链接、富媒体、社交互动的技术面前,也显得枯燥、单调和功能单一。在场性是互联网技术的综合体现,通过LBS位置信息,可以为不同的消费者呈现与其环境相匹配的原生广告内容,增加广告的即时性、生活性和亲近感,缩短用户与产品之间的心理距离,提高广告传播效果。

5. 相对高昂的传播费用

多年来,传统媒体因信息稀缺而形成的几乎垄断的市场地位,因为版面空间和时间资源的有限,使得传统媒体资源价格居高不下。这从央视每年数亿元的“标王”广告就可见一斑。而在互联网平台上,时空概念不在,广告费用甚至可以实现实时竞价购买,使得企业花的每一分钱都能掷地有声。加之社会化媒体上存在着庞大分散的社会自然人,通过其自发转发或评论等传播行为,甚至可以实现广告效果的乘法效应。

6. 携带不便的传播载体

传统媒体如电视、广告牌属于不可移动媒体，只有当用户处于场景中才会发生触媒行为；而报纸、杂志也往往体积偏大，几十个版面或几十个页面，受众携带多有不便，这使得受众不可能随时随地使用媒介。

互联网媒体，尤其是以智能手机、平板电脑为终端的移动互联网媒体，因其便携性、移动性、功能多元化等特点，用户完全可以随时随地获取信息、休闲娱乐和购物消费。因此互联网已经远非媒介概念，更不是以一个单独的形态出现，而是融入到了人们的生产、生活的方方面面，这是传统媒体望尘莫及的。

（二）体制制约导致转型意识不足

互联网发展之初，传统媒体由于体制原因和自身的转型意识不足，并没能及时应对互联网呼之欲来的挑战和冲击。传统媒体对于自身的品牌效应、优质内容和运作模式都有着天然的自信，认为互联网只是一个新的传播平台，二者之间仅是技术实现和传播形态的差异。因此，在布局新媒体业务或与互联网融合上，传统媒体总是抱着“传统媒体为体，新媒体为用”的发展思路，高高在上，或开设网络平台完善业务，或设置新媒体部门，却并没有在人员、资本、技术和机制上真正实现革新。很多传统媒体的创新，尤其是扩大互联网业务也大多成为传统媒体集团的投资陷阱，无法跟上互联网媒体产业的发展节奏和速度。

此外，体制内的帮扶也在某种程度上加大了传统媒体变革的惰性。一些主管部门为帮扶传统媒体共同应对互联网的冲击，不断提高互联网媒体发展的门槛，意在限制其迅猛发展的势头，而不是推动互联网媒体的创新经验如何在传统媒体行业中演变推进。这种以牺牲互联网发展、为传统媒体赢得变革时间的行为，不仅阻碍创新扩散，降低行业创新发展的速度，同时也为传统媒体传递了错误的信号，使得传统媒体错误地以为在我国的媒体格局下，自有行业规则制定者来控制市场，自身不会被抛弃，进而使得传统媒体丧失了自我变革的动力和愿望。

三、传统媒体如何做互联网的加法

面对互联网的冲击,传统媒体无论在收视率、收听率、发行量,还是在被关注度、传播力和影响力,亦或在广告经营等方面,都不同程度地陷入了困境。创新转型和融合发展,已成为传统媒体面对“互联网+”不得不迈过去的坎儿。中央全面深化改革领导小组于2014年8月的第四次会议审议通过了《关于推动传统媒体和新兴媒体融合发展的指导意见》,提出传统媒体和新媒体深度融合的观点,指导意见认为传统媒体的广告市场转型同样需要具备互联网思维,要坚持与新媒体优势互补和一体化发展,形成立体化、多样性的融合发展。从意见可见,中央对传媒业的发展已经站到了战略的高度进行决策,这无论对传统媒体还是广告市场转型都是发展机遇。

截至目前为止,国内传统媒体寻求突围,完成蜕变的根本即是创新整合。

(一)基于优势自建新媒体平台

“互联网+”强调的是思维的转变,即以互联网为主体,充分考虑互联网的技术、数据、产品、服务和用户中心的本质特征,变内容运营为平台运营、变新闻思维为产品思维、变受众为用户,实现由传播者向服务提供者的角色转换。这既包括传统媒体自身的业务转型、技术提升和布局调整,也包括基于自身优势培育和发展创新型的新媒体产品。

“浙报传媒在面临传统盈利模式被颠覆之时,提出了‘新闻+服务’的概念,就是用服务来集聚用户,用新闻来传播价值,新闻免费,服务收费,以此解决了自身商业模式的问题”[1]。上海报业集团对其旗下传统媒体采取了“关、停、并、转”布局,重点孵化、培育了“澎湃新闻”和“上海观察”以及“界面”等创新型新

[1] 周茂君,杨娜.“互联网+”时代我国传统媒体的转型路径[N].成都日报,2015-09-23.

媒体产品，并逐渐优化了解放网、文汇网、新民网等传统新闻门户网站。改变之后，“澎湃新闻”发布当天上午下载量即接近3万，“上海观察”收费用户已接近16万。

在中国的传媒制度环境下，光有“互联网+”思维并不能真正实现传统媒体的创新转型，如若真正落实“互联网+”思维，在不断加速的市场发展和变革中争取主动，还需在传统媒体中进行体制外转型，即传统媒体自身改革和新媒体创新发展两条腿走路。上海报业集团“率先探索一体化发展的体制机制”，“澎湃新闻”即是这一探索的尝试，尽管资本投入巨大，风险有之，但这种“体制外转型的意义在于为传统媒体理清思路、整合资源、化解阻力，为进行重大利益调整赢得时间”（朱春阳等，2014）。

（二）变“+互联网”为“互联网+”

传统媒体的创新改革道路虽然风险性小、可控性强，但相对于新媒体行业在过去15年迅猛发展快速积累起来的速度优势和体制优势而言，传统媒体的改革之路也存在着发展速度缓慢的可能。2014年4月，刘奇葆就传统媒体转型撰文，文中指出：传统媒体融合发展要增强借力发展的意识……要通过多种形式，充分利用别人成熟的技术、平台、渠道和手段借力推进，实现更好更快的发展（刘奇葆，2014）。

伴随互联网企业的规模壮大，以BAT为首的互联网企业，纷纷入资传统媒体，“借船出海”，完成社交化、社区化、平台化和产品化的“媒体四化”转型，即以大数据为引擎，向多产业链延伸，以重新构建融合型枢纽式的媒体形态。腾讯与解放日报合作建立大申网，百度与上海报业集团合作运营百度新闻上海频道，阿里巴巴数字娱乐事业群与SMG东方卫视中心合作“娱乐宝”项目，即是互联网拥抱传统媒体的直接体现。

（三）打造全产业链的传媒生态圈

前文已提到，互联网和移动互联网对传统媒体的最大冲击是颠覆了其既有的盈利模式，虽然获取信息是人们最根本的媒介接触目的，但正如哥伦比亚大学迈克尔·舒德森教授所言，“以什么形式阅读新闻并没有那么重要。新闻是必需品，但报纸不是。”因此，传统媒体的生存之路还在于打造基于品牌效应、优势内容和专业权威的全新产业链，布局大传媒生态圈。

互联网企业的成功路径在于“内容+服务+渠道”，通过内容导入流量，借由服务增加黏性，再通过渠道构建，整合线上和线下，最终打造自身的企业王国。以阿里巴巴为例，电子商务是其内容起点，发力支付宝、余额宝等支付和理财服务，入股第一财经和新浪微博弥补内容上的短板，收购UC浏览器获取流量入口渠道。同时不断加强线上与线下的联合，收购银泰、入股苏宁，志在连接线上与线下，带动传统行业的大变革。

传统媒体领域，中央电视台、上海文广、芒果TV在构建传统媒体和新媒体产业链，实现多元媒体融合方面表现突出。上海文广将自身定位为互联网公司，优化已有平台，推动传统媒体网站升级；借力成熟平台，布局移动互联网传播渠道；自建新平台，提升内容生产的核心竞争力，通过多屏联动打造中国互联网电视的第一入口，完善基于“内容+平台+服务”的互联网媒体生态圈。中央电视台以强大的内容资源为主导，辐射电视、PC、移动各端，率先打造跨媒体、广覆盖的多屏传播平台，并通过移动互联网上的社交媒体增强观众黏性。

湖南广电的全媒体战略自2006年就初见端倪，从成立湖南快乐阳光互动娱乐传媒有限公司开始介入新媒体领域以来，湖南广电始终围绕“内容”做文章，以由大视频、娱乐、创意、人才等关键词构成的芒果生态圈为核心，步步为营，构建全媒体集团。2010年，挂牌成立芒果传媒，以期建立全国最大的娱乐内容生产商和营销商；到2014年提出以内容驱动，全面进军新媒体，全版权打造芒果TV；2015年，芒果TV与湖南卫视联合投资10亿元，强化“独播”策略，加强内容自制力量。到今天，由金鹰网、芒果TV、芒果圈、芒果游戏乐园共同构建的“芒果网络生态圈”已现雏形。

在上述几家广电媒体的融合实践中，强化内容优势，实现多屏联动，关注用户需求，完善自身服务，将新媒体和传统媒体放在同等重要的战略地位，最终构建多元媒体生态圈成为共识。

参考文献：

[1]朱春阳，张亮宇，杨海. 当前我国传统媒体融合发展的问题、目标与路径[N]. 新闻爱好者，2014(10).

[2]工信部与信息化部电信研究院. 移动互联网白皮书(2011)[EB/OL]. (2011-10-09)[2015-10-22]. http://wenku.baidu.com/view/6d0417e96d0417e9998fcc2bcd10d2c.html.

[3]CNNIC. 第36次中国互联网络发展状况统计报告[EB/OL]. (2015-07-23)[2015-10-25]. http://www.ce.cn/xwzx/gnsz/gdxw/201507/23/t20150723_6022843_3.shtml.

[4]刘奇葆. 加快推动传统媒体和新兴媒体融合发展[N]. 人民日报，2014-04-23.

互联网时代公共文化服务的思维变革

刘京晶[1]

摘要:本文以“互联网+”为背景探讨互联网技术的发展对公共文化服务发展的影响,并提出互联网时代下公共文化服务治理的思维将发生的重大改革。

关键词:公共文化服务;互联网

从20世纪80年代诞生以来,作为科技进步的重要表现,互联网逐渐渗透到社会领域的方方面面,深刻地改变了人们的生产生活方式。随着智能手机和移动互联网的普及,以及大数据、云计算、物联网的出现和运用,互联网迎来了加速裂变式的新一轮革命。每个人手中的移动互联网终端成为互联网这张无比庞大的大网上的一个个小节点,每个人的生活因此被联结,串联,30多亿网民共同构筑了无比精彩丰富的互联网生活,人类全面进入了互联网时代。“互联网+”已经成为全产业界思考和讨论的命题。互联网推动了传统行业质的飞跃,也开辟了新兴业态的蓝海。在新创设的公司中70%都是互联网企业。一夜之间,似乎全世界都站在了互联网的风口。

公共文化服务和互联网的耦合并非一朝一夕,公共数字文化建设已经成为公共文化服务的重要内容。政府积极利用互联网技术改造公共文化服务的服务内容、服务手段和服务体验,在公共文化资源的数字化、公共文化服务结构的网络化及公共文化服务管理的自动化方面进行了积极探索和建设。但是互

[1]作者简介:刘京晶,中国传媒大学文化部国家文化改革发展研究基地办公室主任,助理研究员。

联网发展的迅猛速度确是始料未及的。互联网不再是简单的消费品，而是作为重要的生产要素和生活要素，渗透到经济、政治、社会、民生、军事、文化各个方面。互联网的时代大潮涌来，面对如此庞大的互联网用户，公共文化服务如果仍然延续传统的服务手段、服务内容和服务方式，其效能的发挥必然无法满足互联网时代人们对公共文化服务的需求。互联网技术突飞猛进，人民群众需求迫切，服务型政府的建设要求等对现有公共文化服务体系如何适应互联网发展提出了重大命题。

一、互联网对公共文化服务意味着什么

互联网的核心特质是互联互通、共建共享。任何人都可以通过一台计算机自由地接入互联网，开放、平等、免费地共享互联网的精彩世界。这与公共文化服务公益性、基本性、均等性、便利性四大属性相融相通。互联网＋公共文化服务，不是简单地通过互联网技术实现公共文化服务数字化，而是将互联网互联互通、共建共享的内涵特质与公共文化服务有效嫁接、融合，使公共文化服务的运行体系全面现代化、信息化、互联网化，使公共文化空间在互联网世界全面延伸和拓展，为人们提供更多优质、便捷、实惠的公共文化服务，让人们全面享受互联网发展所带来的文化红利。

（一）互联网技术创新公共文化服务新模式

互联网作为20世纪最伟大的科技发明之一，改变了社会的生产方式、生活方式，包括知识的生产方式和公共服务方式。在互联网技术的推动下，公共文化服务的业务内容范围不断延展，从传统的“三馆一站”主要依靠阵地服务发展为阵地服务与数字服务线上线下互为补充的立体格局，公共文化服务业务模式发生变化、重组，传统公共文化服务过程再造再设计，公共文化服务的传播方式更加立体、服务载体更加多元、服务内容更加丰富。

公共文化服务借助互联网的触角得以更广泛的延伸，更广大人群有望被纳入公共文化服务的保障范围，公共文化服务体系更加充实完善。传统“三馆一

站”的文化阵地，在互联网的互联互通之下有望变成公共文化集成中心，人们既可以参加各种文化活动，也可以方便、快捷地享受海量的文化资源，同时利用互联网可以成为公共文化产品的生产者、传播者。甚至人们可以足不出户，浏览数字图书馆、数字博物馆满足精神文化生活需求。

而在大数据、云计算等信息技术的助力下，公共文化服务的模式创新将全面提速。公共文化服务将被全面纳入城乡公共服务的集成平台。通过互联网技术的重组，将实现公共文化服务系统的多元化，提高公共文化服务的柔性，改进和提高服务效率，扩大公共文化服务的品种和数量，扩大信息资源共享的范围，形成社会参与的技术环境，促进公共文化服务方式从简单到丰富的变革。

（二）互联网思维塑造公共文化服务新管理

在互联网大行其道的时代，互联网思维几乎成为所有商业思维的起点。互联网是否可以有效改造一切事物尚不可定论，但是互联网思维以人为中心的理念却是放之四海而皆准。便捷、免费、吸引用户深度参与、注重用户体验、注重数据的价值，这些互联网思维的关键词确是深深契合公共文化服务的发展理念。

互联网的发展将使互联网思维逐渐渗透到社会的方方面面。在资源广泛共享的互联网络中，公共文化服务不再是以提供者为中心，而是以公众为中心，同时兼顾公众的个性化服务和增值服务；由单一渠道服务向多渠道一体化服务变革。一方面，公众可以通过多种渠道获取公共文化服务资源；另一方面，对于同一项服务，公众可以根据自身需求和条件选择合适的渠道，从而推动公共文化服务范围社会化、服务对象个性化、服务体系网络化、服务层次立体化、服务内容精品化、服务方式主动化。人们对公共文化服务的评价将从是否人性化的标准去衡量，人们对公共文化服务的需求也将越来越多元化，越来越差异化。

互联网将促进公共文化服务管理创新，由传统管理向现代管理变革。从宏观上，要求管理者利用互联网技术改造传统服务方式，将互联网工具广泛应用于公共文化服务管理全过程，推动文化管理方式从粗放型向集约型转变。从具体服务机构上，要求采用大数据、云计算、云存储、物联网等技术，对管理和服务的全过程进行信息化管理，从而大大提高服务效率。从社会效果上，要求由被动式服务发展到参与式服务，拓宽人们参与公共文化服务的渠道。在互联网思维的推动下，管理者的决策将民主化、科学化，促使公共文化服务走向大众，由普通服务向保障权益变革，从单一管理向追求社会公平转变，从而提高公共文化服务质量和效率，加强公共文化责任，提高人民群众的满意度。

（三）互联网生态营造公共文化服务新空间

互联网技术营造了一个网络虚拟空间和数字平台。基于这个虚拟空间，无数的个体跨越时间和空间的距离彼此联接，社交、工作、休闲、娱乐统统可以在这个平台上实现，形成了人人创造、人人享受的互联网生态，随之也催生了虚拟的公共文化空间，为公共文化的发展拓展了无限的可能性。虚拟的公共文化空间与实体的公共文化空间不同，公共文化服务的主要服务流程变成了文化资源的信息采集、加工和传播，公共文化资源可以克服现实环境下由于职能分工和空间分割造成的信息分散，进行跨地域、跨行业的配置和整合，实现数字资源的网络化传播、传输，有效地缩小城乡差距、消弭数字鸿沟，将营造出便捷、开放、平等的公共文化网络新空间。

网络公共文化空间既可以实现现实公共文化资源的数字化，如数字图书馆、数字美术馆、数字博物馆等，又可成为公众文化需求反馈拓展便捷的渠道，为公共文化服务效能的评测提供技术的支撑，为公众自主参与公共文化服务搭建广阔的平台。网络公共文化空间将与现实的公共文化服务设施网络互为支撑，共同构成一个完整的服务体系，为群众基本公共文化服务权益的实现保驾护航。

所谓风口，是机遇也是挑战。目前，我国公共文化服务建设还存在发展不均衡，城乡、区域、群体差别较大，公共文化服务效能不高等诸多突出问题。站在互联网的风口，抓住新一轮信息化浪潮的契机促进公共文化服务体系的完善和发展，与互联网携手同行，是公共文化服务的必然选择。

二、互联网时代公共文化服务的思维变革

公共数字文化是公共文化服务顺应互联网发展的重大举措，但是面对互联网的汹涌浪潮，在全社会各个领域都纷纷进入数字化时代，公共文化服务需要应对的则是一场全新而深刻的变革，一场对公共文化服务体系产生极大冲击和震动的治理变革。而思维，永远是第一位的。

（一）不仅仅是掌舵，更是服务

在现代国家，政府通常扮演着双重角色，即“社会福利的提供者”与“经济稳定和增长的主舵手”。公共文化服务建设是政府义不容辞的责任，是衡量政府管理水平和能力重要的指标（满新英，2011）。政府的文化福利承诺与文化责任担当必须兑现。因此，强化政府在公共文化服务当中的主导地位是应有之义。

十六届六中全会公报中指出“要建设服务型政府，强化各级政府的社会管理和公共服务职能”。服务理念作为服务型政府的核心理念，强调公共管理的权力和合法性来源于人民，强调人民的满意度是评判政府管理活动的终极衡量标准，更加强调了政府的服务意识，强化了政府的服务职能。目前公共文化服务体系建设中存在着供给不足、效能不高、供需错位等突出问题，根本原因是对人民群众的真实的文化需求了解不深，是从管理本位出发而不是以服务的理念出发。构建现代公共文化服务体系，必须将人民群众的评价作为对公共文化服务体系效能考核的重要依据，保障人民群众基本文化权益充分实现。

公共文化服务既然立足于“服务”二字，服务职能和服务意识是公共文化服务的应有之义。互联网将推动服务型政府的建设，加速公共文化服务职能部门从高高在上的管理者回归到以人民为中心的服务者。互联网大大降低了公共文化服务信息公开的技术门槛，倒逼公共文化职能部门和公共文化机构建立透明、通畅的反馈通道。互联网就像一个放大镜，把公共文化服务体系中

的每个细节都暴露在社会公众面前，供人们审视、检阅、评价和参与，从公共文化需求的表达、公共文化设施的建设运营、公共文化资源的更新、公共文化场所的使用、公共文化活动的组织开展、公共文化服务效果的评估……，公共文化服务的服务流程、服务方式、服务内容都将成为公众的关注点。

解群众文化之忧，将公共文化服务的内容与群众的文化需求相对接，主动适应互联网的趋势，自觉提高“用户意识”、运用“用户思维”，从群众的文化需求出发，提供更多差别化、有特色、有针对性、便捷优质的公共文化服务。嘉兴市图书馆利用千兆网络的网速及遍布城乡总分馆的公共电子阅览室，为春节期间返乡购票的外来务工人员提供免费、快捷的网络通道。图书馆工作人员对外来务工人员进行全程免费购票培训及辅导，对于不了解网络的外来务工人员，图书馆的工作人员还会代为购票。这种服务意识值得广大的公共文化设施借鉴学习。

服务理念内化于心，外化于行，机制上的保障是基础。从制度设计上对公共文化服务的考核评价要从对“量”到“质”进行转变，立足于效能建设，从群众的满意度为出发点进行公共文化资源的配置、公共文化设施的布局和公共文化人才的培养。公共文化服务本身所具有的文化涵养功能更应该充分运用到公共文化服务队伍的自身建设上，逐渐提升公共文化服务管理者的服务意识和服务理念。

（二）产业事业都是服务

文化是一个民族、一个国家的集体记忆，以物质的和非物质的形态传承，并作为共同财富，公共文化产品和服务，成为公益性文化事业的主体。文化事业是文化的积累与积淀，而文化的积累与积淀是永恒的、永无止境的，图书馆、博物馆等积淀的就是人类在过去创造的灿烂文化。而人类在改造客观世界的同时，还在不断创造新的文明成果，在充分吸收以往优秀文化的基础上，还会产生新的精神文化需求，并表现为各种市场需求。为满足人民群众的当期文化消费，就要依靠文化企业创作生产丰富多彩的文化产品和服务，繁荣文化市场,从而形成了文化产业。[1]

现代公共文化服务体系建设的一项重要任务是培育和促进文化消费。既通过公共文化服务的涵养和教化作用,提升国民的文化素养,陶冶国民的艺术情操,培育国民的文化消费需求;又通过公共文化服务体系自身的完善和发展促进大量优秀公共文化产品和服务的生产和消费。公共文化服务体系不只是一种文化支出和文化基本保障,也应是激发文化生产活力、促进文化产业发展的重要动力基础。公共文化服务设施和网络、优秀的公共文化服务产品、丰富的群众性文化活动有助于营造良好的文化氛围,激发人民群众的消费潜能。公共文化服务体系对各种文化产业资本、文化产业资源、文化智力资源、文化产权资源产生集纳和集聚效应,以与公共文化服务密切关联的培训教育、体育健身、演艺会展、旅游休闲等产业表现最为明显。充分重视和挖掘公共文化服务与关联产业的深层关联和转换,有助于推动关联产业发展,产生文化产业效应。通过引导和支持众多关联文化企业开发公共文化产品和服务,满足人民群众多层次的文化消费需求,扩大文化消费市场。

互联网时代的公共文化服务,需要秉持的就是互联互通、共建共享的理念,积极主动与文化产业进行深度聚合。一方面要加快构建现代公共文化服务体系,使公共文化设施和公共文化产品、活动物尽其用,为培育公民文化消费观念发挥应有作用;另一方面要继续促进文化产业的蓬勃发展,建设良好的文化市场,为文化消费提供丰富优质的文化产品和文化服务,双管齐下,不可偏废。

(三)全民总动员

“政府管得过多,直接干预微观经济活动,不仅影响市场在资源配置中发挥决定性作用,增加交易成本,还容易滋生腐败。”[2]现代化的国家治理体系和治理能力必然要求改变以往政府单方面支配管理社会的治理机制,通过制度改革和制度创新实现政府与社会的有效互动和相互制衡。重构政府公共文化

[1]高书生. 关于文化产业发展若干问题的思考[EB/OL].(2011-10-13)[2015-10-22]. http://www.china.com.cn/policy/zhuanti/17jlzqh/2011-10/13/content_23613609.htm.

[2]李克强. 在国务院第二次廉政工作会议上的讲话[N]. 新华每日电讯,2014-02-11(2).

服务管理机制，是政府公共服务职能创新发展战略中的重要问题，也是现代公共文化服务体系建设的必然要求。

互联网不仅仅是一场技术革命，更是一场社会革命。公共文化服务将形成一个数字化、虚拟的服务网络，公共文化服务提供者与接受者的身份界限逐渐模糊消解，公共文化服务提供者逐渐超出了传统公共服务部门的范畴，实现主流渠道、民营企业、文化类社会组织以及个人广泛参与，公共文化服务变成全民参与的盛宴，人人都可以变成提供者，实现了由“政府部门单向提供”向“多元主体互动提供”的转变。互联网环境下公共文化服务将形成社会化治理体系，公共文化服务更富生机和活力。

随着经济社会的快速发展，人民群众的精神文化需求也日益增长，且日趋多样化、个性化。受制于财力、人力，政府不可能满足所有人的文化需求。建立健全现代公共文化服务体系，政府有责任和义务最大限度地提供公共文化资源来保障人民群众文化权利的实现。但政府并不需要包揽提供所有的公共文化产品和服务，可以发动广大的社会力量共同参与。政府大量通过购买服务的方式激发企业参与公共文化服务的积极性。无论是公共文化机构亦或文化企业，都将成为公共文化服务的供给主体，都将成为满足人民群众文化需求的服务主体。

政府在公共文化服务建设当中应该摆脱以往生产者的角色，而是转变成为服务者、合作者，在现代公共文化服务体系中发挥催化剂的作用。凡是市场可以解决的问题，政府不应介入；凡是社会组织能够独立自主解决的事情，政府不要插手，充分发挥社会组织和企业的作用，转变目前以政府管理为主的运行机制，构建起政府、市场、社会协同治理的现代公共文化服务治理机制。

（四）数据即服务

21世纪60年代，加拿大学者麦克卢汉提出传播学的著名理论——“媒介即信息”。他认为对于社会来说，真正有意义、有价值的“信息”不是各个时代的媒体所传播的内容，而是这个时代所使用的传播工具的性质、它所开创的可能性以及带来的社会变革(张晓霞,2014)。这种把传播工具置于传播内容的理论在当时引起了巨大争议。而在当下来看,微信、微博等新型传播渠道的发展印证了“媒介即信息”这一论断。在互联网时代,“数据即信息”已然成为时代共识,数据蕴涵含着巨大的商业价值和管理价值,正在得到前所未有的重视与开发。

可以畅想,全国公共文化资源素材数据库、国民公共文化服务需求数据库、公共文化产品和服务项目库、博物馆数字化平台、中华图书库等,这些以技术为支撑的数据应用将为公共文化服务的发展带来广阔前景。数据已经成为公共文化资源的重要组成部分,而数据的公开和分享已经成为公共文化服务的重要内容。数据即服务。

经典之作《大数据》中讲到,美国许多政府部门拥有海量大数据,但政府部门几乎都没有大数据处理和挖掘技术。我国的政府部门也是如此。交通部门有车联网、物联网、路网监控、船联网、码头车站监控等地方的大数据,卫生部门拥有流感法定报告数据、全国流感样病例哨点监测和病原学监测数据,公安部门有大量的视频监控数据。如果这些数据与百度的搜索记录、全网数据、LBS数据结合,在利用百度大数据引擎的大数据能力,则可以实现智能路径规划、运力管理、流感预测、疫苗接种指导、安防追逃等。此外许多企业也拥有海量大数据——通信、金融、物流、制造、农业等行业。不过,它们几乎都没有大数据能力,坐拥海量数据却一筹莫展。同样,这些企业也需要与像百度这样具有大数据引擎能力的公司合作。而阿里巴巴、腾讯另外两家巨头同样是在大数据时代布局。公共文化服务的职能部门是否可以与百度这样的拥有大数据及分析技术的公司合作,按照大数据及科学深度的分析,更加有针对性的提供公共文化服务、调整政府决策?答案是肯定的。2015年9月初,国务院印发了《促进大数据发展行动纲要》。《纲要》指出,2018年底前,要建成国家政府数据统一开放平台,率先在信用、交通、医疗等重要领域实现公共数据资源合理适度向社会开放。而在此之前,广东、辽宁、四川等省份均已有地方政府成立大数据管理局,拟由政府牵头,统筹公共数据开放(韩玮,2015)。大数据已经成为政府管理不可回避的新任务。

（五）最大最小，公共文化服务的新追求

“没有一项名副其实的发展项目能无视自然和文化环境的基本特点及有关人群的需要、追求和价值”（联合国，1986）。公共文化服务，作为一项文化民生，归根结底还是服务于人，为了促进人的发展。

目前，我国政府所保障的公共文化服务还是“基本公共文化服务”的范畴。基本公共服务是政府为满足公众最基本的公共文化需求而依据自身能力提供的产品和服务，是国家在一定发展阶段、一定的生产力水平基础上，公共文化服务应该覆盖的最小范围和边界，体现了公民最基本的文化权利。基本公共文化服务主要由政府来提供，在性质上属于基本公共服务，具有消费的非竞争性与收益的非排他性。基本公共文化服务强调的是“基本保障”。对政府而言，强调公共文化服务的“基本保障”，这是社会主义初级阶段的国情决定的，就目前国力来讲只能是广覆盖、低水平，不可能全部满足人民群众的精神文化需求。随着时代的发展和进步，公民的基本文化生活需求不断提高，国家赋予公民的基本文化权利也将不断发展扩充，公共文化服务的范围和水平也势必需要与时代相适应。

互联网时代，既可能使最广大群体的文化权益得到充分保障，又能兼顾满足最小个体的个性化需求。“最大最小”的保障力度应该成为现代公共文化服务体系的新追求，成为政府和公共文化机构的工作目标。这就要求公共文化服务走向优质化、多样化，实现标准化与个性化的有机统一。

互联网时代，技术的跨越式发展有望推动公共文化服务体系的跨越式发展，给公共文化服务的均等化、全覆盖带来了新的机遇，为激发城乡居民的文化创造力带来无限的可能。利用互联网、大数据、云计算等为技术支撑，优化资源配置，缩小地区、城乡差异，最大限度地满足城乡居民的基本公共文化服务需求，使公共文化服务的阳光全方位覆盖，使最广大群体的文化权益得以充分保障，同时也让每个个体能享受到自己所需要的服务。

公共文化服务正随互联网时代嬗变。而最根本的变革是思维。从思维的嬗变转化为行动力，触发公共文化服务的内容、管理发生变革，未来已在想像之中。

参考文献:

[1]满新英. 山东省公共文化服务体系建设的新探索与未来思路[J]. 理论学刊,2011(90).

[2]张晓霞. 论微媒介在新闻传播中的作用——以微信为例[J]. 今传媒,2014(4).

[3]韩玮. 多地政府成立"大数据管理局"急需行使两类职能[N]. 时代周报,2015-09-09.

[4]联合国教科文组织. 世界文化发展十年实用指南(1988—1997)[M]. 北京:北京大学出版社,1989.